中外文**稀有版本**文献

《法兰西内战》

①

德 文 版

【德】卡尔·马克思 ◎ 著

图书在版编目 (CIP) 数据

《法兰西内战》中外文稀有版本文献：汉文、英文、德文 /（德）马克思著；吴黎平等译 .—北京：中央编译出版社，2022.10

ISBN 978-7-5117-4246-9

Ⅰ.①法… Ⅱ.①马… ②吴… Ⅲ.①马克思著作研究－汉、英、德 Ⅳ.① A811.23

中国版本图书馆 CIP 数据核字 (2022) 第 156470 号

《法兰西内战》中外文稀有版本文献

策划统筹	张远航
责任编辑	郑永杰　周雪凝
责任印制	刘　慧
出版发行	中央编译出版社
地　　址	北京市海淀区北四环西路 69 号 (100080)
电　　话	(010) 55627391（总编室）　　(010) 55627312（编辑室） (010) 55627320（发行）　　　(010) 55627377（网站）
经　　销	全国新华书店
印　　刷	北京环球画中画印刷有限公司
开　　本	710 毫米 × 1000 毫米　1/16
字　　数	590 千字
印　　张	42.75
版　　次	2022 年 10 月第 1 版
印　　次	2022 年 10 月第 1 次印刷
定　　价	1280.00 元（全 5 册）

新浪微博：@ 中央编译出版社　　微　信：中央编译出版社 (ID：cctphome)
淘宝店铺：中央编译出版社直销店 (http：//shop108367160.taobao.com)
　　　　　(010) 55627331

本社常年法律顾问：北京市吴栾赵阎律师事务所律师　闫军　梁勤
凡有印装质量问题，本社负责调换。电话：(010) 55626985

《法兰西内战》的出版与传播[①]

（代序）

作为出生和成长于比较落后的德国的马克思，对于法国大革命以来的这段历史非常关注。著有《1848至1850年的法兰西阶级斗争》《路易·波拿巴的雾月十八日》等重要著作，充分显示了他的历史唯物主义方法的科学性及其理论的力量和预见性。巴黎公社起因于普法战争，在写作《法兰西内战》之前，马克思还起草了国际工人协会总委员会关于普法战争的两篇宣言。因为这两篇宣言与后来写的《法兰西内战》关系密切，而且，马克思在写《法兰西内战》时也提到了第二篇宣言，所以，恩格斯1891年编辑《法兰西内战》单行本时收入了这两篇宣言。为此，恩格斯写道："在上面提到的这篇篇幅较大的著作前面，我加上了总委员会关于普法战争的两篇较短的宣言。首先，是因为《内战》提到了第二篇宣言，而第二篇宣言如果没有第一篇宣言作参照，是不能完全弄明白的。其次是因为这两篇同为马克思所写的宣言，也和《内战》一样，突出地显示了作者在《路易·波拿巴的雾月十八日》中已经初次表现出的惊人的才能，即在伟大历史事变还在我们眼前展开或者刚刚终结时，就能准确地把握住这些事变的性质、意义及其必然后果。"[②]

[①] 本内容主要参照和引用了《马克思恩格斯文集》第3卷中的题注资料和人民出版社1976年1月编印的《马克思恩格斯著作的发表和出版》一书，原著为前苏联学者列文所著，1948年在苏联出版。

[②] 《马克思恩格斯文集》第3卷，北京：人民出版社2009年版，第99页。

一 《国际工人协会总委员会关于普法战争的第一篇宣言》的写作与早期传播

《国际工人协会总委员会关于普法战争的第一篇宣言》是马克思在1870年7月19—23日写成的。

1870年7月19日,即在拿破仑三世的政府狂妄地向普鲁士宣战的当天,总委员会委托马克思起草关于这次战争的宣言。宣言在7月23日的总委员会常委会上通过,在1870年7月26日的总委员会会议上被一致批准。宣言首先用英文刊登在伦敦1870年7月28日《派尔-麦尔新闻》第1702号上,几天以后以传单的形式印行了1000份。英国的许多地方报纸也全文或摘要转载了宣言。宣言曾送交《泰晤士报》编辑部,但该报拒绝发表。

鉴于宣言的第一版很快就脱销,1870年8月2日总委员会决定再增印1000份。同年9月,第一篇宣言又和总委员会关于普法战争的第二篇宣言一起用英文再版;马克思在这一版中更正了第一篇宣言在第一版中的几个印刷错误。

8月9日,总委员会成立了一个委员会,负责把第一篇宣言翻译成德文和法文并加以传播。参加这个委员会的有:马克思、荣克、赛拉叶和埃卡留斯。宣言由威·李卜克内西翻译成德文首次发表在1870年8月7日莱比锡《人民国家报》第63号上。马克思得到宣言的这个德译文之后,对译文作了彻底的加工,对全文的几乎一半重新进行了翻译。宣言的新的德译文刊登在1870年8月《先驱》杂志第8期上,同时还印成传单,随后,还发表在8月12日纽约《工人联合报》、8月13日苏黎世《哨兵报》第26号、8月13日维也纳《人民意志报》第26号以及8月21日奥格斯堡《无产者报》第56号上。1891年纪念巴黎公社20周年的时候,恩格斯在柏林《前进报》出版社出版的《法兰西内战》德文版上刊出了总委员会关于普法战争的第一篇宣言和第二篇宣言,这两篇宣言的译者是路易莎·考茨基夫人,恩格斯对译文进行了校订。

总委员会关于普法战争的第一篇宣言用法文发表在1870年8月日内瓦《平等报》第28号、1870年8月7日布鲁塞尔《国际报》第82号和1870年8月7日韦尔维耶《米拉波报》第55号上。宣言还由总委员会所设委员会译成法文印成传单。第一篇宣言于1870年8—9月首次用俄文发表在日内瓦出版的《人民事业》第6—7期上。

二 《国际工人协会总委员会关于普法战争的第二篇宣言》的写作与早期传播

《国际工人协会总委员会关于普法战争的第二篇宣言》是马克思在1870年9月6—9日写成的。

1870年9月6日，国际总委员会研究了由于第二帝国崩溃及普法战争进入一个新阶段而形成的新局势，决定就普法战争发表第二篇宣言。为此，成立了一个起草委员会，其成员有马克思、荣克、米尔纳和赛拉叶。

马克思起草这篇宣言时，利用了恩格斯寄给他的各种材料，这些材料揭露了普鲁士军阀、容克（地主）和资产阶级借口军事战略上的需要而并吞法国领土的野心。总委员会在1870年9月9日召开专门会议，一致通过了马克思起草的这一宣言。宣言被分送到伦敦各资产阶级报纸，这些报纸却采取沉默态度，只有《派尔-麦尔新闻》在1870年9月16日摘要刊登了宣言。9月11—13日宣言用英文以传单的形式印行1000份。9月底又出版了将第一篇和第二篇宣言印在一起的新版本。这一版改正了第一版的几个印刷错误，也对个别段落的文字作了修改。

第二篇宣言的德文本是由马克思翻译的，他在翻译时删去了个别段落，增加了几句专门针对德国工人说的话。第二篇宣言的这个译本发表在1870年10—11月《先驱》杂志第10—11期，1870年10月8日维也纳《人民意志报》第37号以及1870年10月1日苏黎世《哨兵报》第

33号上,同时还以传单的形式在日内瓦印行。1891年,恩格斯在《法兰西内战》的德文第三版中刊出了第二篇宣言,为该版翻译第二篇宣言的是路易莎·考茨基夫人,恩格斯对译文进行了校订。

第二篇宣言的法译文载于1870年10月23日《国际报》第93号和12月4日的第99号,1870年9月21日《波尔多论坛报》,并以节译的形式载于1870年10月4日《平等报》第35号。此外,这篇宣言还用弗拉芒文发表于1872年10月16日和24日安特卫普《工人报》第51号和52号。

三 《法兰西内战》的写作与早期传播

马克思和恩格斯始终热情地关心巴黎劳动者的斗争,高度赞扬巴黎工人的英雄气概和革命首创精神。他们在伦敦利用一切可能与巴黎公社取得联系,给予支持和帮助。马克思亲自给了巴黎公社许多宝贵的指示,并且给第一国际各支部发出了数百封信,号召各国工人援助巴黎公社。公社革命期间,国际总委员会先后举行了7次会议,专门讨论公社问题。马克思还与公社委员弗兰克尔·莱奥、瓦尔兰建立了通信联系。公社失败后,第一国际及其各国支部强烈抗议反动派镇压公社,谴责梯也尔政府的暴行,发动营救、支援和救济公社流亡者的活动。在5月28日凌晨巴黎公社最后的147名社员于拉雪兹神甫公墓东北角的墙下全部被反动军队屠杀的第三天,即5月30日,马克思就在第一国际总委员会会议上宣读了他的著名著作《法兰西内战》,全面论述了巴黎公社的丰功伟绩,总结了巴黎公社的经验和教训,揭露和痛斥了梯也尔反动政府官员们的丑恶嘴脸及其镇压公社的罪恶行径。

巴黎公社一宣布成立,马克思就开始细心搜集和研究所有关于公社活动的消息,如当时能够收集到的法国、英国、德国报刊的材料,巴黎来信提供的情况等。最初,马克思曾在1871年3月28日总委员会会议上提出发表一篇告巴黎工人的宣言，这项建议被一致通过，并委托马克思起草这个文件。马克思接受了这个委托，并准备起草这个文件。但是，巴黎的局势发生了变化，一是马克思已经观察到，巴黎这场武装反对鲁普士军队的民族战争正在演化为一场法国反动政府勾结普鲁士军队镇压巴黎公社的国内战争，形势究竟如何发展，还需要作进一步的观察。二是当时法国社会上有一种论调，认为巴黎无产阶级的革命行动是根据国际总委员会的指示进行的，巴黎公社直接领导了这次起义和建立公社的行动。在这样的情况下发表告巴黎工人书，可能时机不合适。

经过一段时间的观察与研究，马克思逐渐对巴黎公社的性质和巴黎工人阶级革命的历史意义有了清楚的认识。马克思在4月12日给库格曼的信中充分肯定了巴黎工人阶级打碎资产阶级国家机器的伟大创举。马克思这时一反过去曾经认为巴黎的行为是一件蠢事的说法，指出：巴黎工人的行动如果有什么不足的话，那就是对于敌人过于宽容，没有像第一巴黎公社时期一样及时地向凡尔赛进军，因为他们不愿发动国内战争。这两个错误是中央委员会过早地放弃了领导权，过早地把权力移交给了公社。4月17日，马克思再次给库格曼写信指出："工人阶级反对资本家阶级及其国家的斗争由于巴黎人的斗争而进入了一个新阶段。不管这件事情的直接结果怎样，具有世界历史意义的新起点毕竟是已经取得了。"这就是说，在巴黎公社正式成立的两周之后，马克思就已经准确地预见到了这场斗争的结局。所以他充分地肯定了巴黎人民的这次伟大的悲壮之举，特别是肯定了巴黎工人阶级打碎资产阶级国家机器的伟大尝试，认为单凭这一点，他们就将永载史册。在马克思看来，巴黎人民这种打碎资产阶级国家机器的举动是所有欧洲大陆国家工人阶级取得革命胜利的先决条件。

马克思这时候意识到，现在不是要发表一篇告巴黎工人的宣言，告诉巴黎工人如何行动和指导整个运动的进展，而是要向全世界工人阶级发出呼吁，呼吁全世界的工人阶级一起行动起来，同情和支持巴黎工阶级的伟大壮举。于是马克思在1871年4月18日总委员会会议上，建议就法国"斗争的总趋向"发表一篇告国际全体会员的宣言。马克思的建议得到一致通过，总委员会继续委托马克思起草这一宣言。会后，马克思就开始了宣言的起草工作。

这里所谓宣言，指的就是马克思后来写成的《法兰西内战——国际工人协会总委员会宣言》。马克思写这个宣言用了两个多月的时间。如果从3月18日巴黎起义他开始建立笔记和摘录到5月30日马克思在国际大会上宣读这个宣言为止，他用去了70多天的时间。在这期间，他除了处理国际工人协会的日常事务之外，还要参加总委员会的各种会议，要同各地工人运动的领导人和其他友人进行联络，帮助他们开展工作。巴黎公社成立之后，马克思的工作更加忙碌，他同公社一些负责人保持联系，同来往于巴黎和伦敦之间的有关人员谈话，对公社的工作提意见和建议；他要组织撰写文章和稿件，对有关报刊和反对者对巴黎革命和国际工人协会的造谣、中伤和污蔑进行回击和反驳；他要组织各国工人集会声援巴黎公社。马克思在这期间写了几百封关于巴黎公社的信，寄给所有建立了国际组织的国家，通过这些信件，阐明巴黎公社的无产阶级性质和重大历史意义，呼吁他们给巴黎公社以积极的支持和帮助。所以说，《法兰西内战》几乎是在百忙之中抽空写出来的。恩格斯在5月9日的总委员会会议上向大家报告说："公民马克思病得很重，宣言的起草工作使他的病更加恶化了。"这主要是他的支气管炎发作引起咳嗽，妨碍睡眠，同时他的慢性肝病也因为长时间休息不好而严重起来。从4月中旬到6月中旬，马克思断断续续病了两个月。他就是在这样的情况下完成了《法兰西内战》的写作。

从巴黎革命的第一天起，马克思就着手收集各种报刊，进行摘录，写在笔记本上。由于巴黎处于被封锁状态，得到巴黎的报刊比较困难，马克思主要是利用英国出版的英文和法文报刊如自由派报纸《每日新闻》《回声报》《观察报》，保守派报纸《每日电讯》《旗帜报》，以及半官方的《泰晤士报》、爱尔兰民族主义者办的《爱尔兰人报》和一个波拿巴主义报纸《形势报》。马克思还设法从法国弄到一些巴黎出版的法文报刊，如支持公社的《口令报》《号召报》《波尔多论坛报》《复仇者报》《先锋报》，以及资产阶级报纸《自由报》《费加罗报》《钟报》《小报》等。其他摘录的报纸还有《自由巴黎报》《人民呼声报》《公社报》《人民报》《社会报》《国民报》《形势报》《观察家报》等。马克思主要是通过这些报纸了解情况，掌握事件的进程和方向。马克思摘录这些报刊资料的笔记已经收入了《马克思恩格斯文库》俄文版第3卷。北京商务印书馆1975年编译出版了由吴惕安等译、陈叔平编的《马克思关于巴黎公社报刊消息摘录》一书。本书附录收入了其中的第一部分。

除了这些报刊资料以外，马克思还利用了巴黎的国际会员和其他友人来信中的资料，如列·弗兰克尔、路·欧·瓦尔兰、奥·赛拉叶、伊·鲁·托马诺夫斯卡娅、彼·拉甫洛夫、保尔·拉法格以及公社其他领导成员的信件和通过他们转交的信件中提供的资料[①]。

4月18日后，马克思开始这项文献的起草工作，一直继续到5月底。他根据每天整理的材料，先写了《法兰西内战》的初稿和二稿。根据吴惕安研究员考证，"初稿大约是从1871年4月18日写起，到5月9日和13日之间完成。之后就写二稿，二稿大约于5月23日写成。最后的定稿是在5月30日之前写完的"[②]。1871年5月30日，即巴黎最后一个街垒陷落的两天以后，总委员会一致批准了马克思宣读的《法兰西内战》的定稿文本。随后，马克思又对这一宣言的第四部分的某些段落作了补充和加工。

[①] 这里和以下的部分内容作者参阅和吸收了中央编译局已故同事吴惕安研究员的研究成果《马克思〈法兰西内战〉一书的写作与传播》，见《马列著作编译资料》第9辑。吴惕安研究员在文中提了更多更翔实的资料，可供进一步的研究者查阅。

[②] 中央编译局：《马列著作编译资料》第9辑，北京：人民出版社1981年版，第139页。

《法兰西内战》最初于1871年6月13日左右在伦敦用英文印成35页的小册子发表，印数1000份，当时没有署作者名字。小册子出版后产生了爆炸性的影响，引起了人们的广泛关注。只用了两天时间第一次印刷的书就销售一空。伦敦几家最大的报纸（《泰晤士报》等）都为这部著作发表社论，英国几乎所有的报纸都相继发表了评论，之后其他各国的报纸也都开始发表有关这部著作的评论文章。正如恩格斯所说："伦敦有史以来还没有一个出版物像国际总委员会宣言那样产生如此强烈的影响。"①

　　在巴黎公社受到资产阶级舆论疯狂攻击的情况下，马克思的《法兰西内战》成了当时唯一指出巴黎公社世界历史意义的著作。资产阶级舆论在攻击巴黎公社和《法兰西内战》的同时，也把攻击的矛头对准了马克思。马克思曾经写道："我目前荣幸地成了伦敦受诽谤最多的、受威胁最大的人。"②恩格斯则通报说："整个伦敦都只是谈论我们。当然是一片狂叫。这样更好。"③马克思为伦敦的这种"极大的惊恐"而感到高兴。他写道："在度过了二十年单调的沼泽地的田园生活之后，这的确是很不错的。"④英国政府办的报纸《观察家报》威胁《法兰西内战》的作者，说要向法庭控告他侮辱镇压巴黎公社的梯也尔政府官员。为了不使总委员会受到打击，马克思在给伦敦一家报纸编辑部的信中宣称他是《法兰西内战》的作者，他愿意个人承担评论梯也尔、法夫尔等人的责任。他写道："对这帮恶棍我一点也不在乎！"⑤——他这样骄傲地回答了要向法庭控告他的威胁。⑥

　　1871年6月27日马克思向总委员会报告说，第一版已销售一空，

---

　　① 见《马克思恩格斯著作的发表和出版》（内部资料），北京：人民出版社1976年版，第51页。
　　② 《马克思恩格斯全集》第33卷，北京：人民出版社1956年版，第236页。
　　③ 《马克思恩格斯全集》第33卷，北京：人民出版社1956年版，第238页。
　　④ 《马克思恩格斯全集》第33卷，北京：人民出版社1956年版，第236页。
　　⑤ 《马克思恩格斯全集》第33卷，北京：人民出版社1956年版，第237页。
　　⑥ 以上文字参考和引用了〔苏〕列·阿·列文凯瑟：《马克思恩格斯著作的发表和出版》，周维译，北京：生活·读书·新知三联书店1976年版一书。

并建议再印2000份。总委员会同意了马克思的建议,不久便出了英文第二版,印数2000份。与此同时《法兰西内战》还由爱·特鲁拉夫于1871年7月1日以传单的形式发行。马克思和恩格斯一起在第二版中改动了几处正文,更正了第一版的几个印刷错误,并增补了《附录》的第二部分。宣言的署名作了如下变动:去掉工联主义者本·鲁克拉夫特和乔·奥哲尔的名字(他们在资产阶级报刊上表示不同意宣言,并退出了总委员会),增添了总委员会新成员的名字。1871年7月25日马克思向总委员会通报说,第二版又已脱销。总委员会根据恩格斯的提议,于1871年8月初出了《法兰西内战》英文第三版,印数1000份,马克思在这一版中删去了前两版中个别不确切的地方。

1871—1872年,《法兰西内战》被译成法文、德文、俄文、意大利文、西班牙文、荷兰文、弗拉芒文、塞尔维亚-克罗地亚文、丹麦文以及波兰文,在欧洲各国和美国的期刊上发表,同时还出了单行本。

德译文是由恩格斯翻译的,1871年6—7月发表于《人民国家报》(6月28日,7月1、5、8、12、16、19、22、26和29日第52—61号),1871年8—10月在《先驱》杂志上摘要发表,此外,还在莱比锡出版了单行本。恩格斯在翻译时作了几处不大的改动。1876年,为了纪念巴黎公社5周年,出版了《法兰西内战》的新德文本,对文字作了一些订正。

《法兰西内战》的法译文于1871年7月6日至9月3日在布鲁塞尔的《国际报》上刊出,同年8月3日至10月21日在日内瓦的《平等报》上刊出。1872年在布鲁塞尔根据英文第三版翻译出版了法文版单行本,译文经马克思校订过,他曾作了大量修改,把某些段落重新译过。布鲁塞尔的法文版一共印了9000册。

1891年,为迎接巴黎公社20周年而准备出《法兰西内战》的德文第三版(纪念版)时,恩格斯重新校订了译文,并为该版写了导言。恩格斯把马克思写的国际工人协会总委员会关于普法战争的第一篇和第二篇宣言收进了这一版。此后在各种文字的单行本中,导言和两篇宣言也都与《法兰西内战》一起刊印。柏林《前进报》出版了这个纪念版。恩格斯在导言中对巴黎公社的历史意义和巴黎公社的经验再次进行了论述。恩格斯在这个单行本中同时也对巴黎公社的历史,其中包括参加公社的布朗基派和蒲鲁东派的活动,作了一系列补充。

四 马克思《法兰西内战》在中国的传播

陈独秀在《新青年》1922 年 7 月第 9 卷第 6 号上发表了《马克思学说》一文,在文章中对马克思的《法兰西内战》的部分内容进行了引译,同时引译的还有《共产党宣言》《哥达纲领批判》等。[①]《法兰西内战》第一个中文版本是在抗日战争时期由时任中宣部副部长的吴黎平和刘云(张闻天,又名洛甫)合译,延安解放社 1938 年 11 月出版。当时是在物质条件极为困难的情况下,以"马克思恩格斯丛书"第五种的形式出版。该书共收入了 6 篇文章,其中包括恩格斯 1891 年写的"引言",马克思写的两篇国际工人协会总委员会关于普法战争的宣言和一篇国际工人协会总委员会关于法兰西内战的宣言,同时还收进了马克思 1871 年 4 月致库格曼论巴黎公社的两封信和列宁在《马克思致库格曼书信集》俄译本中论巴黎公社的文章。同年 11 月,该版本又由中国出版社作为"马克思恩格斯丛书"重印。重印时改为横排版式并将注释改为脚注,由新知书店发行。1939 年 2 月,重庆新华日报馆又把解放社的版本重印,在大后方广泛发行。同年 3 月,中国出版社再次重印了吴黎平和刘云译的这个版本。4 月 15 日,上海海潮社出版了由郭和翻译的另一个版本。海潮社于 1940 年 11 月又把这本书重新出版,书名改为《巴黎公社》[②]。

---

① 见中央编译局马恩室:《马克思恩格斯著作在中国的传播》,北京:人民出版社 1983 年版,第 263 页。

② 见中央编译局马恩室:《马克思恩格斯著作在中国的传播》,北京:人民出版社 1983 年版,第 315 页。

解放战争时期，《法兰西内战》在解放区和国统区都有流传。1946年5月，生活书店把该书作为"世界学术译丛"之一出版，同时在国统区的上海和重庆两地发行。在解放区，解放社重新出版了10年前的版本，1948年交由华北新华书店发行。1949年1月，中原新华书店也出版了这个版本。3月，东北生活书店把该书作为"马列文库之九"出版，由新中国书局（光华书店）发行。5月，华东新华书店出版印刷该书10000册。

人民出版社重新成立后，1954年11月根据1848年8月解放社的版本重印，出版了小32开本，印数3001册，在全国各地发行。1958年3月又重印了一次，印数增加到7500册。

1961年5月，中共中央编译局为了纪念巴黎公社90周年编译出版了《马克思恩格斯列宁斯大林论巴黎公社》，其中所收的《法兰西内战》有4篇文章是在莫斯科外国文书籍出版局出版的《马克思恩格斯文选》（两卷集）第1卷译文的基础上根据新出版的《马克思恩格斯全集》俄文二版第17卷，参照英文本和德文本加以修改，并在校改过程中个别地方参考了吴黎平、刘云的译文。书中还收进了由张芝联、张广达根据《马克思恩格斯文库》1934年第3卷的英文版译出的马克思写作《法兰西内战》一文时的两个草稿，即初稿和二稿。由新华书店向全国发行。人民出版社于1961年5月同时还根据《马克思恩格斯列宁斯大林论巴黎公社》中的译文，排印出版了《法兰西内战》大32开横排的单行本，是为北京初版。当年印行了5000册，1962年再次加印了10080册。

1963年11月，中共中央编译局根据俄文版编译的《马克思恩格斯全集》第17卷出版中收进了马克思写的关于普法战争的两个宣言和《法兰西内战》一文及其两个草稿。其中关于普法战争的两篇宣言和《法兰西内战》一文是在《马克思恩格斯文选》（两卷集）中文版的基础上，根据英文原文校订的；《法兰西内战》初稿、二稿也根据英文原文作了校订。1964年5月，人民出版社在《法兰西内战》单行本第4

次印刷时又作了改版，除了恩格斯的导言在1961年版的译文的基础上根据《马克思恩格斯全集》俄文第二版第22卷作了一次校订外，其他几篇的译文均按照《马克思恩格斯全集》中文版第17卷中的译文排印。中共中央编译局的这个版本在《法兰西内战》初稿和二稿前增加了"'法兰西内战'草稿"作为其初稿和二稿的篇名，书中附注释169条。同年6月，人民出版社又根据这个版本出版了此书的16开大字本（共4册）。

1970年底，《法兰西内战》第二版第5次印刷时中央编译局又进行了修改，其中恩格斯的序言采用《马克思恩格斯全集》中文版第22卷（1965年5月出版发行）的译文。两篇关于普法战争的宣言、《法兰西内战》一文及其两个草稿都根据《马克思恩格斯文选》和《马克思恩格斯文库》的英文版编译。① 该年6月已经再版了该书的16开大字本。

1972年5月，中共中央编译局采用《马克思恩格斯全集》的译文编辑并由人民出版社出版的《马克思恩格斯选集》第2卷除对《法兰西内战》的初稿和二稿进行了摘录以外，其他各篇（包括恩格斯写的1891年单行本导言）都是全文收录，个别译文经过了重新修订。

1995年6月，中共中央编译局修订出版的《马克思恩格斯选集》第二版把马克思的《法兰西内战》编入了第3卷，篇幅与第一版一样，译文上作了个别修订。

2009年中央编译局编辑出版《马克思恩格斯文集》（10卷本），马克思的《法兰西内战》被编入第3卷，篇幅依然保持《马克思恩格斯选集》的内容，译文则依据有关文本作了变动。恩格斯写的1891年版导言根据《马克思恩格斯全集》德文版第22卷翻译；关于普法战争的两篇宣言则是根据《马克思恩格斯全集》英文版第22卷并参考《马克思恩格斯全集》德文版第17卷翻译；《法兰西内战》正文及其两个草

---

① 以上文字参照周文熙：《法兰西内战的写作及在中国的翻译和出版》，载《教学与研究》1981年第2期。

稿（摘录）则是根据《马克思恩格斯全集》历史考证版第1部分第22卷并参考《马克思恩格斯全集》德文版第17卷翻译。

2012年9月出版的《马克思恩格斯选集》第三版仍然将《法兰西内战》收入了第3卷，内容依据《马克思恩格斯文集》作了修改，这是《法兰西内战》最新的版本。

（本文来自2013年中央编译出版社出版的李惠斌所著《马克思〈法兰西内战〉研究读本》有关内容。）

Der Bürgerkrieg in Frankreich.

Adresse des Generalraths

der

Internationalen Arbeiter-Assoziation

an

alle Mitglieder in Europa und den Vereinigten Staaten.

Separatabdruck aus dem Volksstaat.

Leipzig
Verlag der Expedition des Volksstaat.
1871.

An alle Mitglieder der Internationalen Arbeiter-Assoziation in Europa und den Vereinigten Staaten.

I.

Am 4. September 1870, als die Pariser Arbeiter die Republik proklamirten, der fast in demselben Augenblick ganz Frankreich ohne eine einzige Stimme des Widerspruchs zujubelte — da nahm eine Kabale stellenjagender Advokaten, mit Thiers als Staatsmann und Trochu als General, Besitz vom Hotel de Ville (Stadthaus). Diese Leute waren damals durchdrungen von einem so fanatischen Glauben an den Beruf von Paris, in allen Epochen geschichtlicher Krisis Frankreich zu vertreten, daß, um ihre usurpirten Titel als Regenten Frankreichs zu rechtfertigen, es ihnen genügend schien, ihre verfallenen Mandate als Abgeordnete für Paris vorzuzeigen. In unserer zweiten Adresse über den letzten Krieg, fünf Tage nach dem Emporkommen dieser Leute, sagten wir Euch, wer sie waren. Und dennoch, im Sturm der Ueberrumpelung, mit den wirklichen Führern der Arbeiter noch in Bonaparte's Gefängnissen, und mit den Preußen schon im vollen Marsch auf Paris, duldete Paris ihre Ergreifung der Staatsmacht; aber nur auf die ausdrückliche Bedingung hin, daß diese Staatsmacht dienen sollte einzig und allein zum Zweck der nationalen Vertheidigung. Paris aber war nicht zu vertheidigen, ohne seine Arbeiterklasse zu bewaffnen, sie in eine brauchbare Kriegsmacht zu verwandeln und ihre Reihen durch den Krieg selbst einzuschulen. Aber Paris in Waffen, das war die Revolution in Waffen. Ein Sieg von Paris über den preußischen Angreifer wäre ein Sieg gewesen des französischen Arbeiters über den französischen Kapitalisten und seine Staatsparasiten. In diesem Zwiespalt zwischen nationaler Pflicht und Klasseninteresse zauderte die Regierung der nationalen Vertheidigung keinen Augenblick, — sie verwandelte sich in eine Regierung des nationalen Verraths.

Das erste, was sie that, war, Thiers auf die Wanderung zu schicken, zu allen Höfen Europas, um dort Vermittlung zu erbetteln mit dem Angebot, die Republik gegen einen König auszutauschen. Vier Monate nach Beginn der Belagerung, als der Augenblick gekommen schien, das erste Wort von Kapitulation fallen zu lassen, redete Trochu, in Gegenwart von Jules Favre und andern Regierungsmitgliedern, die versammelten Maires (Bezirksbürgermeister) von Paris an wie folgt:

„Die erste Frage, die mir von meinen Kollegen noch am selben Abend des 4. Septembers vorgelegt wurde, war diese: Kann Paris, mit irgend welcher Aussicht auf Erfolg, eine Belagerung durch die preußische Armee aushalten? Ich zögerte nicht, dies zu verneinen. Mehrere meiner hier anwesenden Kollegen werden einstehn für die Wahrheit meiner Worte und für mein Beharren auf dieser Meinung. Ich sagte ihnen, in diesen selben Worten, daß, wie die Dinge lägen, der Versuch, Paris gegen eine preußische Belagerung zu halten, eine Thorheit sei. Ohne Zweifel, fügte ich hinzu, eine heroische Thorheit; aber das würde auch Alles sein.... Die Ereignisse (die er selbst leitete) haben meine Voraussicht nicht Lügen gestraft." Diese nette kleine Rede Trochu's wurde nachher von einem der anwesenden Maires, Herrn Corbon, veröffentlicht.

Also: Am selben Abend, wo die Republik proklam'rt wurde, war es Trochu's Kollegen bekannt, daß Trochu's „Plan" in der Kapitulation von Paris bestand. Wäre die nationale Vertheidigung mehr gewesen, als ein bloßer Vorwand für die persönliche Herrschaft von Thiers, Favre und Kompagnie — die Emporkömmlinge des 4. September hätten am 5. abgedankt, hätten das Pariser Volk eingeweiht in Trochu's „Plan", und hätten es aufgefordert, entweder sofort zu kapituliren, oder sein eigenes Geschick in seine eigene Hand zu nehmen. Statt dessen aber beschlossen die ehrlosen Betrüger, die „heroische Thorheit" von Paris durch Behandlung mit Hunger und blutigen Köpfen zu kuriren, und es inzwischen zum Narren zu halten durch großsprechende Manifeste, wie z. B.: „Trochu, der Gouverneur von Paris, wird nie kapituliren!" und Jules Favre, der auswärtige Minister, „wird nicht einen Zollbreit unseres Gebiets und nicht einen Stein unserer Festungen abtreten." In einem Brief an Gambetta bekennt derselbe Jules Favre, daß das, wogegen sie sich „vertheidigten", nicht die preußischen Soldaten waren, sondern die Pariser Arbeiter. Während der ganzen Belagerung rissen die bonapartistischen Gurgelabschneider, denen Trochu weislich das Kommando der Pariser Armee anvertraut hatte, in ihrer vertraulichen Korrespondenz schnöde Witze über den wohlverstandenen Hohn der Vertheidigung. Man sehe z. B. die Korrespondenz von Alphonse Simon Guiod, Oberkommandant der Artillerie der Pariser Armee, Großkreuz der Ehrenlegion, an Suzanne, Divisionsgeneral der Artillerie, welche Korrespondenz von der Kommune veröffentlicht wurde. Endlich, am 28. Januar 1871, ließen sie die Trugmaske fallen. Mit dem ganzen Heldenmuth der äußersten Selbsterniedrigung trat die Regierung der nationalen Vertheidigung in der Kapitulation von Paris hervor als die Regierung Frankreichs durch Bismarcks Gefangene — eine Rolle von solcher Niedertracht, daß selbst Louis Napoleon in Sedan vor ihr zurückgebebt war. Nach dem 18. März, in ihrer wilden Flucht nach Versailles, ließen die „Kapitulards" den aktenmäßigen Beweis ihres Verraths in Paris zurück. Um diesen zu zerstören, sagt die Kommune in einem ihrer Manifeste an die Provinzen, „würden diese Leute nicht davor zurückschrecken, Paris in einen Trümmerhaufen zu verwandeln, bespült von einem Blutmeer."

Aber um einen solchen Ausgang herbeizuführen, dafür hatten mehrere der Hauptmitglieder der Vertheidigungs-Regierung außerdem noch ganz besondere Privatgründe.

Kurz nach Abschluß des Waffenstillstandes veröffentlichte Millière, Abgeordneter für Paris zur Nationalversammlung, jetzt erschossen auf expressem Befehl von Jules Favre, eine Reihe authentischer gerichtlicher Aktenstücke zum Beweise, daß Jules Favre, in wilder Ehe lebend mit der Frau eines in Algier wohnenden Trunkenbolds, durch eine höchst verwegene Anhäufung von Fälschungen, die sich über eine lange Reihe von Jahren erstrecken, im Namen der Kinder seines Ehebruchs eine große Erbschaft erschlichen und sich dadurch zum reichen Mann gemacht hatte; und daß, in einem von den rechtmäßigen Erben unternommenen Prozesse, er der Entdeckung nur entging durch die besondere Begünstigung der bonapartistischen Gerichte. Da über diese trockenen, gerichtlichen Aktenstücke nicht hinwegzukommen war, auch nicht mit noch so viel rethorischen Pferdekräften, hielt Jules Favre zum ersten Male in seinem Leben den Mund, in aller Stille den Ausbruch des Bürgerkriegs erwartend, um dann das Pariser Volk wüthend zu verlästern als eine Bande

1*

ausgebrochener Sträflinge, in hellem Aufruhr gegen Familie, Religion, Ordnung und Eigenthum. Und dieser selbe Fälscher war kaum zur Herrschaft gekommen, als er, gleich nach dem 4. September, Pic und Taillefer mitfühlend in Freiheit setzte, die Beide, sogar unter dem Kaiserreich, wegen Fälschung verurtheilt waren bei der Standalgeschichte mit der Zeitung „L'Etendard." Einer dieser Edlen, Taillefer, hatte die Frechheit, unter der Kommune nach Paris hineinzugehen und wurde sofort wieder eingesteckt; und darauf rief Jules Favre von der Tribüne der Nationalversammlung in die Welt hinaus, daß die Pariser alle ihre Zuchthäusler freiließen!

Ernest Picard, der Karl Vogt der Regierung der nationalen Vertheidigung, der sich selbst zum Minister des Innern der Republik ernannte, nachdem er vergeblich gestrebt hatte, der Minister des Innern des Kaiserreichs zu werden — ist der Bruder eines gewissen Arthur Picard, der als Schwindler von der Pariser Börse ausgestoßen (Bericht der Pariser Polizei-Präfektur vom 13. Juli 1867) und auf eigenes Geständniß überführt wurde eines Diebstahls von 300,000 Franken, begangen als Direktor eines Zweigbüreaus der Société Générale, Rue Palestro Nr. 5 (Bericht der Polizei-Präfektur vom 11. Dezember 1868). Diesen Arthur Picard ernannte Ernest Picard zum Redakteur seines Blattes „L'Electeur Libre". Während die gewöhnliche Sorte Börsenleute durch die offiziellen Lügen dieses Ministerialblattes irre geleitet wurden, lief Arthur Picard hin und her zwischen dem Ministerium und der Börse und verwandelte hier die Niederlagen der französischen Armeen in baaren Profit. Die ganze Geschäftskorrespondenz dieses biedern Brüderpaares fiel in die Hände der Kommune.

Jules Ferry, ein brotloser Advokat vor dem 4. September, brachte es fertig, als Maire von Paris während der Belagerung, aus der Hungersnoth ein Vermögen für sich herauszuschwindeln. Der Tag, an dem er sich wegen seiner Mißverwaltung zu verantworten haben wird, wird auch der Tag seiner Verurtheilung sein.

Diese Männer nun konnten ihre Tickets-of-leave*) nur in den Ruinen von Paris finden; sie waren gerade die Leute, die Bismarck brauchte. Ein wenig Taschenspielerei —

---

*) In England giebt man gemeinen Verbrechern nach Verbüßung des größeren Theils ihrer Haft häufig Urlaubsscheine, mit denen sie entlassen und unter Polizeiaufsicht gestellt werden. Diese Scheine heißen tickets-of-leave und ihre Inhaber ticket-of-leave-men.

und Thiers, bisher der geheime Zuflüsterer der Regierung, erschien jetzt als ihre Spitze, mit den Ticket-of-leave-Männern als Ministern.

Thiers, diese Zwergmißgeburt, hat die französische Bourgeoisie mehr als ein halbes Jahrhundert lang bezaubert, weil er der vollendetste geistige Ausdruck ihrer eignen Klassenverderbtheit ist. Ehe er Staatsmann wurde, hatte er schon seine Stärke im Lügen als Geschichtsschreiber dargethan. Die Chronik seines öffentlichen Lebens ist die Geschichte der Unglücke Frankreichs. Verbündet, vor 1830, mit den Republikanern, erhaschte er unter Louis Philipp eine Ministerstelle, indem er seinen Protektor Lafitte verrieth. Beim König schmeichelte er sich ein durch Anhetzung von Pöbelexcessen gegen die Geistlichkeit, während deren die Kirche Saint-Germain l'Auxerrois und der erzbischöfliche Palast geplündert wurden, und durch sein Benehmen gegen die Herzogin von Berri, bei der er zu gleicher Zeit den Minister-Spion und den Gefängniß-Geburtshelfer spielte. Sein Werk war die Niedermetzelung der Republikaner in der Rue Transnonain, sein Werk die darauf folgenden infamen Septembergesetze gegen Presse und Assoziationsrecht. 1840, wo er als Ministerpräsident wieder auftauchte, setzte er Frankreich in Erstaunen mit seinem Plan, Paris zu befestigen. Den Republikanern, die diesen Plan als heimtückisches Komplott gegen die Freiheit von Paris anklagten, antwortete er in der Deputirtenkammer:

„Wie? Sie bilden sich ein, daß Festungswerke je die Freiheit gefährden könnten? Vor Allem verleumden Sie jede mögliche Regierung, wenn Sie voraussetzen, sie könnte je versuchen, sich durch ein Bombardement von Paris aufrecht zu erhalten ... eine solche Regierung wäre nach ihrem Siege hundert Mal unmöglicher als vorher." In der That, keine Regierung würde je gewagt haben, Paris von den Forts zu bombardiren, außer der Regierung, die vorher diese selben Forts den Preußen ausgeliefert hatte.

Als König Bomba sich im Januar 1848 an Palermo versuchte, erhob sich Thiers, damals schon lange kein Minister mehr, abermals in der Kammer: „Sie wissen, meine Herren, was in Palermo vorgeht. Sie alle erbeben vor Schauder (im parlamentarischen Sinn), wenn Sie hören, daß achtundvierzig Stunden lang eine große Stadt bombardirt worden ist — von wem? Von einem fremden Feind in Anwendung des Kriegsrechts? Nein, meine Herren, von ihrer eignen Regierung.

Und weßwegen? Weil die unglückliche Stadt ihre Rechte forderte. Und für die Forderung ihrer Rechte erhielt sie achtundvierzig Stunden Bombardement... Erlauben Sie mir an die Meinung von Europa zu appelliren. Es heißt der Menschlichkeit einen Dienst erweisen, wenn man sich erhebt und von vielleicht der größten Tribüne Europas wiederhallen läßt einige Worte (jawohl, Worte!) der Entrüstung gegen solche Thaten. Als der Regent Espartero, der seinem Lande Dienste geleistet hatte, (und das war mehr als Thiers je gethan) beabsichtigte, Barcelona zu bombardiren, zur Unterdrückung eines Aufstandes, da erhob sich von allen Enden der Welt ein allgemeiner Schrei der Entrüstung."

Achtzehn Monate später befand sich Thiers unter den wüthendsten Vertheidigern des Bombardements von Rom durch eine französische Armee. Der Fehler des Königs Bomba scheint in der That nur darin gelegen zu haben, daß er sein Bombardement auf achtundvierzig Stunden beschränkte.

Wenige Tage vor der Februar-Revolution, unwirsch ob der langen Verbannung von Amt und Unterschleif, wozu Guizot ihn verurtheilt hatte, und in der Luft eine herannahende Volksbewegung witternd, erklärte Thiers, in dem falschen Heldenstyl, der ihm den Spottnamen Mirabeau-mouche (Mirabeau-Fliege) einbrachte, der Deputirtenkammer:

„Ich gehöre zur Partei der Revolution, nicht allein in Frankreich, sondern in Europa. Ich wünsche, daß die Regierung der Revolution in den Händen gemäßigter Männer bleiben möge; .... aber sollte diese Regierung in die Hände heftiger Leute fallen, selbst in die von Radikalen, so werde ich darum doch meine Sache nicht im Stich lassen. Ich werde immer zur Partei der Revolution gehören."

Die Februar-Revolution kam. Statt das Ministerium Guizot durch das Ministerium Thiers zu ersetzen, wie das Männlein geträumt hatte, verdrängte sie Louis Philippe durch die Republik. Am ersten Tage des Sieges versteckte er sich sorgfältig, vergessend, daß die Verachtung der Arbeiter ihn vor ihrem Haß schützte. Dennoch hielt er sich, mit seinem altbekannten Muth, von der öffentlichen Bühne fern, bis die Juni-Metzeleien sie für seine Sorte Aktion freigefegt hatten. Dann wurde er der leitende Kopf der „Ordnungspartei" mit ihrer parlamentarischen Republik, jenem anonymen Zwischenreich, in dem alle die verschiedenen Fraktionen der herrschenden Klasse mit einander konspirirten zur Unterdrückung des Volkes, und gegen einander, jede zur Wiederherstellung ihrer eigenen Monarchie. Damals wie jetzt klagte Thiers die Republikaner an als das einzige Hinderniß der Befestigung der Republik; damals wie jetzt sprach er zur Republik, wie der Henker zu Don Carlos: „Ich werde Dich morden, aber zu Deinem eigenen Besten." Jetzt wie damals wird er ausrufen müssen am Tage nach seinem Siege: „l'Empire est fait" — das Kaiserreich ist fertig. Trotz seiner heuchlerischen Predigten von „nothwendigen Freiheiten" und seines persönlichen Aergers gegen Louis Bonaparte, der ihn gebraucht und den Parlamentarismus hinausgeworfen hatte, — und außerhalb der künstlichen Atmosphäre des Parlamentarismus schrumpft das Männlein, wie es wohl weiß, zu einem Nichts zusammen — trotz alledem hatte Thiers eine Hand in allen Infamien des zweiten Kaiserreichs, von der Besetzung Roms durch französische Truppen bis zum Kriege gegen Preußen, zu dem er aufhetzte durch seine heftigen Ausfälle gegen die deutsche Einheit — nicht als Deckmantel für den preußischen Despotismus, sondern als Eingriffe in das ererbte Anrecht Frankreichs auf die deutsche Uneinigkeit. Während seine Zwergsarme gern im Angesicht Europa's das Schwert des ersten Napoleon umherschwangen, dessen historischer Schuhputzer er geworden war, gipfelte seine auswärtige Politik stets in der äußersten Erniedrigung Frankreichs, von der Londoner Convention von 1841 bis zur Pariser Kapitulation von 1871 und zum jetzigen Bürgerkriege, worin er, mit hoher obrigkeitlicher Erlaubniß Bismarck's, die Gefangenen von Sedan und Metz gegen Paris hetzte. Trotz der Beweglichkeit seines Talents und der Veränderlichkeit seiner Zielpunkte ist dieser Mann sein ganzes Leben lang an die allerfossilste Routine gekettet gewesen. Es ist klar, daß ihm die tiefer liegenden Strömungen der modernen Gesellschaft ewig verborgen bleiben mußten; aber selbst die handgreiflichsten Veränderungen auf der gesellschaftlichen Oberfläche widerstrebten einem Gehirn, dessen ganze Lebenskraft in die Zunge geflüchtet war. So wurde er nie müde, jede Abweichung von dem veralteten französischen Schutzzollsystem als eine Heiligthumsschändung anzuklagen. Als Minister Louis Philippe's versuchte er, die Eisenbahnen als ein hirnverbranntes Blendwerk niederzuschreien; in der Opposition unter Louis Bonaparte brandmarkte er als eine Entheiligung jeden Versuch zur Reform des verfaulten französischen Heerwesens. Niemals in seiner langen politischen Laufbahn hat er sich einer einzigen, auch nicht der geringsten Maßregel von praktischem Nutzen schuldig gemacht. Thiers war konsequent nur in seiner Gier nach Reichthum und in seinem Haß gegen die Leute, die ihn hervorbringen. Er trat in sein erstes Ministerium unter Louis Philippe arm wie Hiob; er verließ es als Millionär. Als sein letztes Ministerium unter demselben Könige (vom ersten März 1840) ihm in der Kammer öffentliche Anklagen wegen Unterschleif zuzog, begnügte er sich, durch Thränen zu antworten — ein Artikel, in dem er eben so flott „macht", wie Jules Favre oder irgend ein anderes Krokodil. In Bordeaux war sein erster Schritt zur Rettung Frankreich's vom hereinbrechenden Finanzruin der, sich selbst mit drei Millionen jährlich auszustatten; es war dies das erste und letzte Wort jener „ökonomischen Republik", worauf er seinen Pariser Wählern 1869 Aussicht gemacht hatte. Einer seiner früheren Kollegen aus der Kammer von 1830, selbst ein Kapitalist, — was ihn nicht verhinderte, ein aufopferndes Mitglied der Pariser Kommune zu sein — Herr Beslay, sagte neulich in einem Maueranschlage zu Thiers: „Die Knechtung der Arbeit durch das Kapital ist jederzeit der Eckstein Ihrer Politik gewesen, und seit Sie die Republik der Arbeit im Pariser Stadthaus eingesetzt sehen, haben Sie ohne Aufhören Frankreich zugerufen: „Seht diese Verbrecher!" — Ein Meister kleiner Staatsschufterei, ein Virtuose des Meineids und Verraths, ausgelernt in allen den niedrigen Kriegslisten, heimtückischen Kniffen und gemeinen Treulosigkeiten des parlamentarischen Parteikampfes; stets bereit, wenn vom Amte verdrängt, eine Revolution anzufachen, und sie im Blut zu ersticken, sobald er am Staatsruder; mit Klassenvorurtheilen an der Stelle von Ideen; mit Eitelkeit an der Stelle eines Herzens; sein Privatleben so infam, wie sein öffentliches Leben niederträchtig — kann er nicht umhin, selbst jetzt, wo er die Rolle eines französischen Sulla spielt, die Scheußlichkeit seiner Thaten zu erhöhen durch die Lächerlichkeit seiner Großthuerei.

Die Kapitulation von Paris, die den Preußen nicht nur Paris, sondern ganz Frankreich überlieferte, beschloß die langandauernden verrätherischen Intriguen mit dem Feinde, die die Usurpatoren des 4. Septembers, wie Trochu selbst gesagt, schon an diesem selben Tage begonnen. Andererseits eröffnete sie den Bürgerkrieg, den sie jetzt, mit preußischer Unterstützung, gegen die Republik und Paris zu führen hatten. Schon in dem Wortlaute der Kapitulation selbst war die Falle gelegt. Damals war über ein Drittel des Landes in den Händen des

Feindes, die Hauptstadt war von den Provinzen abgeschnitten, alle Verkehrsmittel waren in Unordnung. Es war unmöglich, unter solchen Umständen eine wirkliche Vertretung Frankreichs zu erwählen, wenn nicht volle Zeit zur Vorbereitung gegeben wurde. Gerade deßhalb bedang die Kapitulation, daß eine Nationalversammlung innerhalb acht Tagen zu wählen sei, so daß in manchen Theilen Frankreichs die Nachricht von der vorzunehmenden Wahl erst den Tag vorher ankam. Ferner sollte die Versammlung, nach einem ausdrücklichen Artikel der Kapitulation, gewählt werden für den einzigen Zweck, über Krieg und Frieden zu entscheiden und vorkommenden Falles einen Friedensvertrag abzuschließen. Das Volk mußte fühlen, daß die Waffenstillstandsbedingungen die Fortführung des Krieges unmöglich machten, und daß, um den von Bismarck aufgenöthigten Frieden zu bestätigen, die schlechtesten Leute in Frankreich gerade die besten seien. Aber, nicht zufrieden mit allen diesen Vorsichtsmaßregeln, hatte Thiers, schon ehe das Geheimniß des Waffenstillstandes den Parisern mitgetheilt worden, sich auf eine Wahlreise in die Provinzen begeben, um dort die legitimistische Partei ins Leben zurückzugalvanisiren, die jetzt mit den Orleanisten die Stelle der augenblicklich unmöglich gewordenen Bonapartisten auszufüllen hatte. Er hatte keine Angst vor ihnen. Unmöglich als Regierung des modernen Frankreichs, und daher verächtlich als Nebenbuhler, — welche Partei gab ein willkommeneres Werkzeug der Reaktion ab, als die Partei, deren Aktion, in Thiers' eigenen Worten (Deputirtenkammer, 5. Januar 1833) „sich immer beschränkt hatte auf die drei Hülfsquellen: auswärtige Invasion, Bürgerkrieg und Anarchie"? Sie aber, die Legitimisten, glaubten in Wahrheit an den Advent ihres rückwärts gewandten tausendjährigen Reichs. Da waren die Fersen auswärtiger Invasion, die Frankreich zu Boden traten; da war der Fall eines Kaiserreiches und die Gefangenschaft eines Bonaparte; und da waren sie selber wieder. Das Rad der Geschichte hatte sich offenbar zurückgedreht bis zu der Chambre introuvable (der Landraths- und Junkerkammer) von 1816. In den Versammlungen der Republik 1848 bis 1851 waren sie vertreten gewesen durch ihre gebildeten und eingeschulten parlamentarischen Führer; jetzt aber drängten sich die gemeinen Soldaten der Partei hervor — alle Pourceaugnacs von Frankreich.

Sobald diese Versammlung von Ruraux (Krautjunkern) in Bordeaux eröffnet war, machte Thiers es ihnen klar, daß sie die Friedenspräliminarien sofort anzunehmen hätten, selbst ohne die Ehrenbezeugung einer parlamentarischen Debatte, als einzige Bedingung, unter der Preußen ihnen erlauben werde, gegen die Republik und ihre feste Burg Paris den Krieg zu eröffnen. Die Contrerevolution hatte in der That keine Zeit zu verlieren. Das zweite Kaiserthum hatte die Staatsschuld verdoppelt und die großen Städte in schwere Lokalschulden gestürzt. Der Krieg hatte die Ansprüche an die Nation furchtbar erhöht und ihre Hülfsquellen rücksichtslos verwüstet. Zur Vollendung des Ruins stand da der preußische Shylock mit seinem Schein für den Unterhalt einer halben Million seiner Soldaten auf französischem Boden, für seine Entschädigung von fünf Milliarden und Zinsen zu fünf Prozent auf deren unbezahlte Raten. Wer sollte die Rechnung zahlen? Nur durch den gewaltsamen Sturz der Republik konnten die Aneigner des Reichthums hoffen, die Kosten eines von ihnen selbst herbeigeführten Krieges auf die Schultern der Hervorbringer dieses Reichthums zu wälzen. Und so spornte gerade der unermeßliche Ruin Frankreichs diese patriotischen Vertreter von Grundbesitz und Kapital an, unter den Augen und der hohen Protektion des fremden Eroberers, den auswärtigen Krieg zu ergänzen durch einen Bürgerkrieg, eine Sklavenhalter-Rebellion.

Dieser Verschwörung stand im Wege Ein großes Hinderniß — Paris. Paris zu entwaffnen, war erste Bedingung des Erfolgs. Paris wurde daher von Thiers aufgefordert, seine Waffen niederzulegen. Dann wurde Paris aufgehetzt durch die tollen antirepublikanischen Demonstrationen der Krautjunkerversammlung und durch Thiers' eigene zweideutige Aussprüche über den rechtlichen Bestand der Republik; durch die Drohung, Paris zu enthaupten und enthauptstadten (décapiter et décapitaliser); die Ernennung orleanistischer Gesandten; Dufaure's Gesetze wegen der verfallenen Wechsel und Hausmiethen, die den Handel und die Industrie von Paris mit dem Untergange bedrohten; Pouyer-Quertier's Steuer von 2 Centimen auf jedes Exemplar jeder nur möglichen Druckschrift; die Todesurtheile gegen Blanqui und Flourens; die Unterdrückung der republikanischen Blätter; die Verlegung der Nationalversammlung nach Versailles; die Erneuerung des von Palikao erklärten und durch den 4. September vernichteten Belagerungszustandes; die Ernennung des Dezemberhelden Vinoy zum Gouverneur, des Gensdarmen Valentin zum Polizeipräfekten,

und des Jesuitengenerals d' Aurelles de Paladine zum Ober=
kommandanten der Nationalgarde von Paris.

Und nun haben wir an Herrn Thiers und an die Herren
von der Nationalvertheidigung, seine Commis, eine Frage zu
richten. Es ist bekannt, daß durch seinen Finanzminister
Herrn Pouyer=Quertier, Thiers ein Anlehen von zwei Mil=
liarden beantragt hatte, sofort zahlbar. Ist es nun wahr oder
nicht:

1) daß dies Geschäft so abgemacht wurde, daß eine Pro=
vision von mehreren hundert Millionen in die Privattaschen
von Thiers, Jules Favre, Ernest Picard, Pouyer=Quertier
und Jules Simon floß, und

2) daß keine Zahlung gemacht werden sollte, bis nach der
„Pacification" von Paris?

In jedem Falle muß die Sache sehr dringlich gewesen
sein, denn Thiers und Jules Favre suchten ohne alle Scham
im Namen der Versammlung in Bordeaux um Besetzung von
Paris durch preußische Truppen nach. Das paßte aber nicht
in Bismarck's Spiel, wie er, spöttisch und ganz öffentlich, den
bewundernden Frankfurter Philistern bei seiner Rückkehr nach
Deutschland erzählte.

II.

Paris war das einzige ernstliche Hinderniß auf dem Wege
der contre=revolutionären Verschwörung. Paris mußte also ent=
waffnet werden. In Beziehung auf diesen Punkt war die
Bordeauxer Versammlung die Aufrichtigkeit selbst. Wäre das
rasende Gebrüll ihrer Krautjunker nicht hörbar genug gewesen,
die Ueberantwortung von Paris durch Thiers in die Hände des
Triumvirats — Vinoy, der Dezembermörder, Valentin, der
bonapartistische Gensd'arm, und Aurelles de Paladine, der Jesui=
tengeneral — hätte auch den letzten Zweifel unmöglich gemacht.
Aber während die Verschwörer den wahren Zweck der Entwaff=
nung frech zur Schau stellten, forderten sie Paris zur Waffen=
streckung auf unter einem Vorwande, der die schreiendste, scham=
loseste Lüge war. Das Geschütz der Nationalgarde, sagte Thiers,
gehört dem Staat und muß dem Staat wieder abgegeben wer=
den. Die Thatsache war diese: Von dem Tage der Kapitu=
lation an, als Bismarck's Gefangene Frankreich ihm ausgeliefert,
aber sich selbst eine zahlreiche Leibwache ausbedungen hatten zu
dem ausdrücklichen Zwecke, Paris niederzuhalten — von dem
Tage an stand Paris auf der Wacht. Die Nationalgarde reor=

ganisirte sich und vertraute ihre Oberleitung einem Central=
komitee an, das durch ihre ganze Masse, einige der alten bona=
partistischen Abtheilungen ausgenommen, erwählt war. Am
Vorabend des Einmarsches der Preußen in Paris besorgte
das Centralkomitee den Transport nach Montmartre, la Villette
und Belleville der von den Kapitulards verrätherischer Weise
in und bei den von den Preußen zu besetzenden Stadttheilen
zurückgelassenen Kanonen und Mitrailleusen. Dies Geschütz
war durch die Beiträge der Nationalgarde selbst beschafft wor=
den. Als ihr Eigenthum war es amtlich anerkannt in der
Kapitulation vom 28. Januar, und in dieser besonderen Eigen=
schaft ausgenommen worden von der allgemeinen Ablieferung
der der Regierung gehörenden Waffen an den Sieger. Und
Thiers war so durch und durch bar eines jeden, auch des
durchsichtigsten Vorwandes, um den Krieg mit Paris einzulei=
ten, daß er auf die platte Lüge angewiesen blieb: das Geschütz
der Nationalgarde sei Staatseigenthum!

Die Beschlagnahme des Geschützes sollte nur dienen als
Vorspiel der allgemeinen Entwaffnung von Paris und damit
der Revolution vom 4. September. Aber diese Revolution
war der gesetzliche Zustand Frankreichs geworden. Die Republik,
ihr Werk, war im Wortlaut der Kapitulation vom Sieger an=
erkannt. Nach der Kapitulation war sie anerkannt worden von
allen fremden Mächten; in ihrem Namen war die Versammlung
berufen. Die Pariser Arbeiterrevolution vom 4. September
war der einzige Rechtstitel der Nationalversammlung in Bor=
deaux und ihrer vollziehenden Gewalt. Ohne den 4. Septem=
ber hätte die Nationalversammlung sofort dem, 1869 unter
französischer und nicht unter preußischer Herrschaft durch allge=
meines Stimmrecht erwählten und gewaltsam von der Revolu=
tion zersprengten, gesetzgebenden Körper Platz machen müssen.
Thiers und seine Ticket - of - leave - Leute hätten ver=
handeln müssen wegen eines Geleitscheines, unterzeichnet
von Louis Bonaparte, um einer Reise nach Cayenne zu
entgehen. Die Nationalversammlung, mit ihrer Vollmacht, den
Frieden mit Preußen abzumachen, war nur ein einzelner Zwischen=
fall in jener Revolution, deren wahre Verkörperung noch im=
mer das bewaffnete Paris war; Paris, das diese Revolution
gemacht, das um ihretwillen eine fünfmonatliche Belagerung
mit ihren Schrecken der Hungersnoth ausgehalten, und das in
seinem trotz Trochu's „Plan" verlängerten Widerstand die Grund=
lage eines hartnäckigen Vertheidigungskrieges in den Provinzen ge=

liefert hatte. Und Paris sollte jetzt entweder seine Waffen niederlegen auf das beleidigende Geheisch der rebellischen Sklavenhalter von Bordeaux, und anerkennen, daß seine Revolution vom 4. September nur die einfache Uebertragung der Staatsmacht von Louis Bonaparte an seine königlichen Nebenbuhler bedeute; — oder es mußte vortreten als der selbstopfernde Vorkämpfer Frankreichs, dessen Rettung vom Untergang und dessen Wiedergeburt unmöglich waren ohne den revolutionären Umsturz der politischen und gesellschaftlichen Bedingungen, die das zweite Kaiserthum erzeugt hatten und die unter seiner schützenden Obhut bis zur äußersten Fäulniß herangereift waren. Paris, noch abgezehrt von fünfmonatlicher Aushungerung, zauderte keinen Augenblick. Es beschloß heldenmüthig, alle Gefahren des Widerstandes gegen die französischen Verschwörer auszuhalten, trotzdem, daß noch immer preußische Kanonen von seinen eigenen Forts auf es herabgähnten. Dabei aber, in seinem Abscheu gegen den Bürgerkrieg, in den Paris hineingetrieben werden sollte, beharrte das Centralkomitee in einer vertheidigenden Haltung, trotz der Aufreizungen der Versammlung, der Eingriffe der vollziehenden Gewalt, und der drohenden Truppenzusammenziehungen in und um Paris.

Thiers eröffnete den Bürgerkrieg, indem er den Vinoy an der Spitze eines Haufens Polizeisergeanten und einiger Linienregimenter auf einen nächtlichen Raubzug gegen Montmartre ausschickte, um dort durch Ueberraschung das Geschütz der Nationalgarde wegzunehmen. Es ist bekannt, wie dieser Versuch scheiterte am Widerstand der Nationalgarde und an der Verbrüderung der Truppen mit dem Volk. Aurelles de Paladine hatte schon im Voraus seinen Siegesbericht gedruckt, und Thiers hielt die Maueranschläge bereit, die seine Staatsstreich-Maßregeln verkünden sollten. Beides mußte jetzt ersetzt werden durch Thiers' Aufrufe, worin er seinen großmüthigen Entschluß verkündete, der Nationalgarde ihre Waffen zu lassen; er zweifle nicht, sagte er, sie werde sie benutzen, um sich gegen die Rebellen an die Regierung anzuschließen. Unter allen 300,000 Nationalgardisten entsprachen nur 300 diesem Aufruf des kleinen Thiers, sich, gegen sich selbst, an ihn anzuschließen. Die ruhmvolle Arbeiterrevolution des 18. März nahm unbestrittenen Besitz von Paris. Das Centralkomitee war ihre provisorische Regierung. Europa schien einen Augenblick zu zweifeln, ob seine neulichen erstaunlichen Haupt-, Staats- und Kriegsaktionen irgend welche Wirklichkeit besäßen, oder ob sie die Träume einer längst verschwundenen Vergangenheit seien.

Vom 18. März bis zum Eindringen der Versailler Truppen in Paris, blieb die proletarische Revolution so rein von allen den Gewaltthaten, von denen die Revolutionen, und noch mehr die Kontrerevolutionen der „höheren Klassen" strotzen, daß die Gegner keine andern Handhaben für ihre Entrüstung finden, als die Hinrichtung der Generale Lecomte und Clement Thomas und den Zusammenstoß auf der Place Vendôme.

Einer der bonapartistischen Offiziere, der bei dem nächtlichen Ueberfall auf Montmartre eine Rolle spielte, General Lecomte, hatte vier Mal dem 81. Linienregiment befohlen, auf einen unbewaffneten Haufen in der Place Pigale zu feuern; als die Truppen sich weigerten, schimpfte er sie wüthend aus. Statt Weiber und Kinder zu erschießen, erschossen seine eigenen Leute ihn selbst. Die eingewurzelten Gewohnheiten, die den Soldaten unter der Zucht der Feinde der Arbeiter beigebracht worden, verlieren sich selbstredend nicht in demselben Augenblick, wo diese Soldaten zu den Arbeitern übergehn. Dieselben Leute richteten auch Clement Thomas hin.

„General" Clement Thomas, ein malkontenter Ex=Wachtmeister, hatte sich in der letzten Zeit Louis Philippe's bei der Redaktion des republikanischen Blattes „Le National" anwerben lassen, wo er gleichzeitig die Posten eines verantwortlichen Strohmanns (gérant responsable, der das Absitzen der Gefängnißstrafe übernahm) und Duellanten bei diesem sehr kampflustigen Blatt ausfüllte. Als nach der Februar=Revolution die Herren vom „National" ans Ruder kamen, verwandelten sie diesen alten Wachtmeister in einen General. Es war dies am Vorabend der Junischlächterei, die er, wie auch Jules Favre, mitgeplant hatte, und bei der er eine der niederträchtigsten Henkerrollen übernahm. Dann verschwand er und seine Generalschaft auf lange Zeit, um wieder aufzutauchen am 1. November 1870. Den Tag vorher hatte die Regierung der Vertheidigung im Stadthause Blanqui, Flourens und anderen Vertretern der Arbeiter ihr feierliches Wort gegeben, ihre usurpirte Gewalt in die Hände einer freigewählten Pariser Kommune niederzulegen. Statt ihr Wort zu halten, ließ sie gegen Paris die Bretonen Trochu's los, die jetzt die Corsen Bonapartes vertraten. Der General Tamisier allein weigerte sich, seinen Namen mit einem solchen Wortbruch zu beflecken, und legte seinen Posten als Oberkommandant der Nationalgarde nieder. An seiner Stelle wurde jetzt Clement Thomas wieder ein General. Während seines ganzen Oberkommandos führte er Krieg, nicht gegen die Preußen, sondern gegen die Pariser Nationalgarde. Er verhinderte ihre allgemeine Bewaffnung, hetzte die Bourgeoisbataillone gegen die Arbeiterbataillone, beseitigte die dem „Plan" Trochu's feindlichen Offiziere, und löste, unter dem Brandmal der Feigheit, dieselben proletarischen Bataillone auf, deren Heldenmuth jetzt ihren erbittertsten Feinden Bewunderung abgerungen hat. Clement Thomas war ordentlich stolz darauf, seinen alten Juni=Vorrang als persönlicher Feind des Pariser Proletariats wieder erobert zu haben. Noch einige Tage vor dem 18. März legte er dem Kriegsminister Leflo einen eigenen Plan vor, zur „Ausrottung der Blüthe der Pariser Kanaille." Nach Vinoy's Niederlage konnte er es sich nicht versagen, als Privatspion auf dem Kampfplatz zu erscheinen. Das Centralkomitee und die Pariser Arbeiter waren ebenso verantwortlich für die Erschießung von Clement Thomas und Lecomte, wie die Prinzessin von Wales für das Geschick der bei ihrem Einzug in London im Gedränge zu Tode gequetschten Leute.

Die angebliche Schlächterei unbewaffneter Bürger in der Place Vendôme ist ein Mährchen, wovon Thiers und die Krautjunker in der Versammlung hartnäckig geschwiegen haben, und dessen Verbreitung sie ausschließlich der Bedientenstube der europäischen Tagespresse anvertrauten.

Die „Ordnungsmänner", die Reaktionäre von Paris, zitterten bei dem Siege des 18. März. Für sie war er das Wahrzeichen der endlich hereinbrechenden Volksvergeltung. Die Gespenster der unter ihren Händen gemordeten Opfer, von den Junitagen 1848 bis zum 22. Januar 1871, stiegen vor ihren Augen empor. Ihr Schrecken war ihre einzige Strafe. Selbst die Polizeisergeanten, statt wie sich's gebührte, entwaffnet und eingesperrt zu werden, fanden die Thore von Paris weit geöffnet, um sicher nach Versailles zu entkommen. Nicht allein, daß den Ordnungsmännern Nichts geschah, man erlaubte ihnen sogar, sich wieder zu sammeln und mehr als einen starken Posten mitten in Paris zu besetzen. Diese Nachsicht des Centralkomitees, diese Großmuth der bewaffneten Arbeiter, so sonderbar im Widerspruch mit den Gewohnheiten der Ordnungspartei, wurden von dieser Partei als Zeichen bewußter Schwäche mißdeutet. Daher ihr alberner Plan, unter dem Deckmantel einer unbewaffneten Demonstration das noch einmal zu versuchen, was Vinoy mit seinen Kanonen und Mi=

traillenfen nicht hatte erreichen können. Am 22. März setzte
sich von den Stadtvierteln des Wohllebens ein Zug „feiner
Herren" in Bewegung, alle Stutzer in ihren Reihen, und an
ihrer Spitze die wohlbekannten Stammgäste des Kaiserthums,
die Heeckeren, Coëtlogon, Henri de Pène ꝛc. Unter dem fei=
gen Vorwand einer friedlichen Demonstration, aber im Gehei=
men gerüstet mit den Waffen des Meuchelmörders, ordnete sich
diese Bande, entwaffnete und mißhandelte die Posten und Pa=
trouillen der Nationalgarde, auf die ihr Zug stieß, und, aus
der Rue de la Pair in die Place Vendôme vordringend, ver=
suchte sie, unter dem Ruf: „Nieder mit dem Centralkomitee!
Nieder mit den Mördern! Es lebe die Nationalversammlung!"
die dort aufgestellte Wache zu durchbrechen und so das dahinter
gelegene Hauptquartier der Nationalgarde zu überrumpeln.
Als Antwort auf ihre Revolverschüsse, wurden die regelmäßi=
gen gesetzlichen Aufforderungen an sie gemacht; als diese wir=
kungslos blieben, kommandirte der General der Nationalgarde
Feuer. Eine Salve zerstreute in wilde Flucht die albernen
Gecken, die erwartet hatten, die bloße Schaustellung ihrer „an=
ständigen Gesellschaft" werde auf die Pariser Revolution wir=
ken wie die Trompeten Josuas auf die Mauern von Jericho.
Sie ließen zurück zwei Nationalgarden todt, neun schwer ver=
wundet (darunter ein Mitglied des Centralkomitees) und den
ganzen Schauplatz ihrer Großthat bestreut mit Revolvern,
Dolchen und Stockdegen, zum Zeugniß des „unbewaffneten"
Charakters ihrer „friedlichen" Demonstration. Als am 13. Juni
1849 die Pariser Nationalgarde eine wirklich friedliche De=
monstration machte, um gegen den räuberischen Angriff fran=
zösischer Truppen auf Rom zu protestiren — da wurde Chan=
garnier, damals General der Ordnungspartei, von der Natio=
nalversammlung und besonders von Thiers als der Retter der
Gesellschaft ausgerufen, weil er seine Truppen von allen Sei=
ten auf diese waffenlosen Leute losgelassen hatte, um sie nie=
derzuschießen, niederzusäbeln und unter ihren Pferdehufen zu
zertreten. Damals wurde Paris in Belagerungszustand er=
klärt; Dufaure hetzte neue Unterdrückungsgesetze durch die Ver=
sammlung; neue Verhaftungen, neue Aechtungen, eine neue
Schreckensherrschaft traten ein. Aber die „unteren Klassen"
machen das anders. Das Centralkomitee von 1871 ließ die
Helden der „friedlichen Demonstration" einfach laufen, und so
waren sie, bereits zwei Tage später, im Stande, sich unter
dem Admiral Saisset zu jener bewaffneten Demonstration

zusammenzufinden, die mit dem bewußten Ausreißen nach Versailles endigte. In seinem Widerstreben, den durch Thiers' nächtlichen Einbruch in Montmartre eröffneten Bürgerkrieg aufzunehmen, machte sich das Centralkomitee diesmal eines entscheidenden Fehlers dadurch schuldig, daß es nicht sofort auf das damals vollständig hülflose Versailles marschirte, und damit den Verschwörungen des Thiers und seiner Krautjunker ein Ziel setzte. Statt dessen erlaubte man der Ordnungspartei nochmals ihre Stärke an der Wahlurne zu versuchen, als am 26. März die Commune gewählt wurde. An diesem Tage wechselten die Ordnungsmänner in den Bezirksbürgermeistereien wohlwollende Worte der Versöhnung mit ihren zu großmüthigen Siegern, gleichzeitig in ihren Herzen feierliche Gelübde knurrend, seiner Zeit blutige Rache zu nehmen.

Und jetzt schaut die Kehrseite der Medaille! Thiers eröffnete seinen zweiten Feldzug gegen Paris Anfangs April. Die erste Kolonne von Pariser Gefangenen, die nach Versailles hinein kam, wurde empörend behandelt, während Ernst Picard, die Hände in den Hosentaschen, herumschlenderte und sie verhöhnte, und die Frauen von Thiers und Favre, in Mitte ihrer Ehren(?)damen, vom hohen Balkon herab die Schändlichkeiten des Versailler Pöbels beklatschten. Die gefangenen Liniensoldaten wurden einfach erschossen; unser tapferer Freund General Duval, der Eisengießer, wurde ohne alle Form Rechtens gemordet. Gallifet, der „Louis" seiner Frau, so notorisch durch die schamlose Schaustellung ihres Leibes bei den Gelagen des zweiten Kaiserthums, Gallifet prahlte in einer Proclamation, daß er die Ermordung einiger durch seine Reiter überraschten und entwaffneten Nationalgardisten, sammt ihrem Hauptmann und Lieutenant, befohlen habe. Vinoy, der Ausreißer, wurde von Thiers zum Großkreuz der Ehrenlegion ernannt für seinen Tagesbefehl, worin er vorschrieb, jeden beden Kommunalisten gefangenen Liniensoldaten zu erschießen. Desmarêt, der Gensdarm, wurde dekorirt, weil er den hochherzigen und ritterlichen Flourens verrätherisch nach Metzgerart in Stücke zerhauen hatte, Flourens, der am 31. Oktober 1870 der Vertheidigungsregierung ihre Köpfe gerettet hatte. Die „ermunternden Einzelheiten" seiner Ermordung wurden von Thiers in der Nationalversammlung mit Behagen des Breiteren mitgetheilt. Mit der aufgeblasenen Eitelkeit eines parlamentarischen Däumlings, dem man erlaubt, die Rolle des Tamerlan zu spielen, verweigerte er den Rebellen gegen seine Winzigkeit jedes Recht civilisirter Kriegführung, selbst das der Neutralität für ihre Verbandplätze. Nichts Scheußlicheres als dieser Affe, schon von Voltaire vorgeahnt, der für eine kleine Zeit seinen Tigergelüsten freien Lauf lassen kann.

Nachdem die Kommune (Dekret vom 7. April) Vergeltungsmaßregeln angeordnet und es für ihre Pflicht erklärt hatte, „Paris gegen die kannibalischen Thaten der Versailler Banditen zu schützen und Aug' um Auge, Zahn um Zahn zu verlangen" — stellte Thiers dennoch die grausame Behandlung der Gefangenen nicht ein; er beleidigte sie obendrein noch in seinen Berichten wie folgt: „Niemals ist der betrübte Blick ehrlicher Leute auf so entwürdigte Gesichter einer entwürdigten Demokratie gefallen" — ehrlicher Leute wie Thiers selbst und seine Ticket-of-Leave-Männer. Trotzdem wurde das Erschießen der Gefangenen für einige Zeit eingestellt. Kaum aber hatten Thiers und seine Dezembergenerale gefunden, daß das Vergeltungsdekret der Kommune nur eine leere Drohung war, daß selbst ihre Gensdarmenspione, die in Paris, als Nationalgardisten verkleidet, abgefangen waren, daß selbst Polizeisergeanten, Träger von Brandgranaten, verschont blieben, — so fing auch das massenweise Erschießen der Gefangenen wieder an und wurde bis zum Ende durchgeführt. Häuser, in welche Nationalgardisten geflüchtet waren, wurden von Gensdarmen umringt, mit Petroleum (das hier zum ersten Mal vorkommt) übergossen und in Brand gesteckt; die halbverbrannten Leichen wurden später von der Ambulanz der Presse (in Les Ternes) herausgeholt. Vier Nationalgardisten, die sich am 25. April bei Belle Epine einigen berittenen Jägern ergeben hatten, wurden nachher einer nach dem Andern vom Rittmeister, einem würdigen Knecht Gallifets, niedergeschossen. Einer der Vier, Scheffer, für todt zurückgelassen, kroch zu den Pariser Vorposten und legte gerichtliches Zeugniß ab über diese Thatsache vor einem Ausschuß der Kommune. Als Tolain den Kriegsminister über den Bericht dieses Ausschusses interpellirte, erstickte das Geschrei der Krautjunker seine Stimme; sie verboten Leflô zu antworten. Es wäre eine Beleidigung für ihr „ruhmvolles" Heer, von seinen Thaten — zu sprechen. Der nachlässige Ton, in dem Thiers' Berichte die Niedermetzelung der bei Moulin Saquet im Schlafe überraschten Nationalgardisten und die massenhaften Erschießungen in Clamart mittheilten, verletzte selbst die Nerven der wahrhaftig nicht überempfindlichen Londoner „Times". Aber es wäre lächerlich, die bloß ein=

leitenden Scheußlichkeiten aufzählen zu wollen, begangen von den Bombardirern von Paris und den Aufhetzern einer Sklaven=halter=Rebellion unter dem Schutz des fremden Eroberers. In Mitten aller dieser Schrecken, vergißt Thiers seinen parlamen=tarischen Jammer von wegen der furchtbaren Verantwortlichkeit, die auf seinen Zwergschultern lastet, prahlt, daß l'Assemblée siège paisiblement (die Versammlung tagt in Frieden weiter) und beweist durch seine steten Festessen, heute mit De=zembergeneralen, morgen mit deutschen Prinzen, daß seine Ver=dauung nicht im Mindesten gestört ist, nicht einmal durch die Gespenster von Lecomte und Clement Thomas.

III.

Am Morgen des 18. März 1871 wurde Paris geweckt durch den Donnerruf: „Es lebe die Kommune!" Was ist die Kommune, diese Sphinx, die den Bourgeoisverstand auf so harte Proben setzt?

„Die Proletarier von Paris", sagte das Centralkomitee in seinem Manifest vom 18. März, „in Mitten der Nieder=lagen und des Verraths der herrschenden Klassen, haben begriffen, daß die Stunde geschlagen hat, wo sie die Lage retten müssen, dadurch, daß sie die Leitung der öffentlichen Angelegenheiten in ihre eignen Hände nehmen . . . . Sie haben begriffen, daß es ihre höchste Pflicht und ihr absolutes Recht ist, sich zu Herren ihrer eigenen Geschicke zu machen und die Regierungsgewalt zu ergreifen." — Aber die Arbeiterklasse kann nicht die fertige Staatsmaschinerie einfach in Besitz nehmen und diese für ihre eignen Zwecke in Bewegung setzen.

Die centralisirte Staatsmacht, mit ihren allgegenwärtigen Organen — stehende Armee, Polizei, Bureaukratie, Geistlichkeit, Richterstand, Organe geschaffen nach dem Plan einer systemati=schen und hierarchischen Theilung der Arbeit — stammt her aus den Zeiten der absoluten Monarchie, wo sie der entstehenden Bourgeois=gesellschaft als eine mächtige Waffe in ihren Kämpfen gegen den Feudalismus diente. Dennoch blieb ihre Entwicklung gehemmt durch allerhand mittelalterlichen Schutt, grundherrliche und Adels=Vorrechte, Lokalprivilegien, städtische und Zunft=Monopole und Provinzialverfassungen. Der riesige Besen der französischen Revolution des achzehnten Jahrhunderts fegte alle diese Trümmer vergangner Zeiten weg, und reinigte so gleichzeitig den gesell=schaftlichen Boden von den letzten Hindernissen, die dem Ueber=bau des modernen Staatsgebäudes im Wege gestanden. Dies **moderne Staatsgebäude erhob sich unter dem ersten Kaiserthum,**

2*

das selbst wieder erzeugt worden war durch die Koalitionskriege des alten halbfeudalen Europa's gegen das moderne Frankreich. Während der nachfolgenden Herrschaftsformen wurde die Regierung unter parlamentarische Kontrole gestellt, d. h. unter die direkte Kontrole der besitzenden Klassen. Einerseits entwickelte sie sich jetzt zu einem Treibhaus für kolossale Staatsschulden und erdrückende Steuern und wurde mit ihrer unwiderstehlichen Anziehungskraft, ihrer Amtsgewalt, ihren Einkünften, ihrer Stellenvergebung der Zankapfel für die konkurrirenden Fraktionen und Abenteurer der herrschenden Klassen, — andrerseits änderte sich ihr politischer Charakter gleichzeitig mit den ökonomischen Veränderungen der Gesellschaft. In dem Maß, wie der Fortschritt der modernen Industrie den Klassengegensatz zwischen Kapital und Arbeit entwickelte, erweiterte, vertiefte, in demselben Maß erhielt die Staatsmacht mehr und mehr den Charakter einer öffentlichen Gewalt zur Unterdrückung der Arbeit, einer Maschine der Klassenherrschaft. Nach jeder Revolution, die einen Fortschritt des Klassenkampfs bezeichnet, tritt der rein unterdrückende Charakter der Staatsmacht offener und offener hervor. Die Revolution von 1830 übertrug die Regierung von den Grundbesitzern auf die Kapitalisten und damit von den entfernteren auf die direkteren Gegner der Arbeiter. Die Bourgeoisrepublikaner, die im Namen der Februarrevolution das Staatsruder ergriffen, gebrauchten es zur Herbeiführung der Junischlächtereien, um der Arbeiterklasse zu beweisen, daß die „soziale" Republik weiter nichts bedeute, als ihre soziale Unterdrückung durch die Republik; und um der königlich gesinnten Masse der Bourgeois und Grundbesitzer zu beweisen, daß sie die Sorgen und die Geldvortheile der Regierung ruhig den Bourgeoisrepublikanern überlassen könnten. Nach dieser ihrer einzigen Heldenthat vom Juni blieb den Bourgeoisrepublikanern jedoch nur übrig, zurückzutreten aus dem ersten Glied ins letzte Glied der „Ordnungspartei" — einer Koalition, gebildet aus allen konkurrirenden Fraktionen und Faktionen der aneignenden Klassen in ihrem jetzt offen erklärten Gegensatz zu den hervorbringenden Klassen. Die angemessene Form ihrer Gesammtregierung war die parlamentarische Republik mit Louis Bonaparte als Präsidenten; **eine Regierung des unverhohlenen Klassenterrorismus und der absichtlichen Beleidigung der „vile multitude" (der schoflen Menge).** Wenn, wie Thiers sagte, die parlamentarische Republik die verschiedenen Fraktionen der herrschenden Klassen am wenigsten theilte, so eröffnete sie dagegen einen Abgrund zwischen dieser Klasse und dem ganzen, außerhalb ihren dünngesäeten Reihen lebenden Gesellschaftskörper. Die Schranken, die, unter früheren Regierungen, ihre eignen Spaltungen der Staatsmacht noch auferlegt hatten, waren durch ihre Vereinigung jetzt gefallen. Angesichts der drohenden Erhebung des Proletariats benutzte die vereinigte besitzende Klasse jetzt die Staatsmacht rücksichtslos und frech als das nationale Kriegswerkzeug des Kapitals gegen die Arbeit. Aber ihr ununterbrochener Kreuzzug gegen die produzirenden Massen zwang sie nicht nur, die vollziehende Gewalt mit stets wachsender Unterdrückungsmacht auszustatten; er zwang sie auch, ihre eigene parlamentarische Zwingburg — die Nationalversammlung — nach und nach aller Vertheidigungsmittel gegen die vollziehende Gewalt zu entblößen. Die vollziehende Gewalt, in der Person des Louis Bonaparte, setzte sie vor die Thür. Der leibliche Nachkomme der Republik der „Ordnungspartei" war das zweite Kaiserthum.

Das Kaiserthum, mit dem Staatsstreich als Geburtsschein, dem allgemeinen Stimmrecht als Beglaubigung, und dem Säbel als Szepter, gab vor, sich auf die Bauern zu stützen, auf jene große Masse der Produzenten, die nicht unmittelbar in den Kampf zwischen Kapital und Arbeit verwickelt waren. Es gab vor, die Arbeiterklasse zu retten, indem es den Parlamentarismus brach und mit ihm die unverhüllte Unterwürfigkeit der Regierung unter die besitzenden Klassen. Es gab vor, die besitzenden Klassen zu retten durch Aufrechthaltung ihrer ökonomischen Hoheit über die Arbeiterklasse: und schließlich gab es vor, alle Klassen zu vereinigen durch die Wiederbelebung des Trugbilds des nationalen Ruhms. In Wirklichkeit war es die einzige mögliche Regierungsform zu einer Zeit, wo die Bourgeoisie die Fähigkeit, die Nation zu beherrschen, schon verloren, und wo die Arbeiterklasse diese Fähigkeit noch nicht erworben hatte. Die ganze Welt jauchzte ihm zu als dem Retter der Gesellschaft. Unter seiner Herrschaft erreichte die Bourgeoisgesellschaft, aller politischen Sorgen enthoben, eine von ihr selbst nie geahnte Entwickelung. Ihre Industrie, ihr Handel dehnten sich zu unermeßlichen Verhältnissen aus; der Finanzschwindel feierte kosmopolitische Orgien; das Elend der Massen hob sich grell ab gegenüber dem schamlosen Prunk eines gleißenden, überladenen und schuftigriechenden Luxus. Die Staatsmacht, scheinbar hoch über der Gesellschaft schwebend, war dennoch selbst der skandalöseste Standal dieser Gesellschaft und gleichzeitig die Brutstätte aller ihrer Fäulniß. Ihre eigne Verrottung und die Verrottung der von ihm geretteten Gesellschaft wurde bloßgelegt durch die Bajonette Preußens, das selbst vor Begierde brannte, den Schwerpunkt dieses Regimes von Paris nach Berlin zu verlegen. Der Imperialismus ist die prostituirteste und zugleich die schließliche Form jener Staatsmacht, die die entstehende bürgerliche Gesellschaft ins Leben gerufen hatte als das Werkzeug ihrer eigenen Befreiung vom Feudalismus, und die die vollentwickelte Bourgeoisgesellschaft verwandelt hatte in ein Werkzeug zur Knechtung der Arbeit durch das Kapital.

Der gerade Gegensatz des Kaiserthums war die Kommune. Drr Ruf nach der „sozialen Republik", womit das Pariser Proletariat die Februarrevolution einführte, drückte nur das unbestimmte Verlangen aus nach einer Republik, die nicht nur die monarchische Form der Klassenherrschaft beseitigen sollte, sondern die Klassenherrschaft selbst. Die Kommune war die bestimmte Form dieser Republik.

Paris, der Mittelpunkt und Sitz der alten Regierungsmacht, und gleichzeitig der gesellschaftliche Schwerpunkt der französischen Arbeiterklasse, Paris hatte sich in Waffen erhoben gegen den Versuch des Thiers und seiner Krautjunker, diese ihnen vom Kaiserthum überkommene alte Regierungsmacht wiederherzustellen und zu verewigen. Paris konnte nur Widerstand leisten, weil es in Folge der Belagerung die Armee los geworden war, an deren Stelle es eine hauptsächlich aus Arbeitern bestehende Nationalgarde gesetzt hatte. Diese Thatsache galt es jetzt in eine bleibende Einrichtung zu verwandeln. Das erste Dekret der Kommune war daher die Unterdrückung des stehenden Heeres und seine Ersetzung durch das bewaffnete Volk.

Die Kommune bildete sich aus den durch allgemeines Stimmrecht in den verschiedenen Bezirken von Paris gewählten Stadträthen. Sie waren verantwortlich und jederzeit absetzbar. Ihre Mehrzahl bestand selbstredend aus Arbeitern oder anerkannten Vertretern der Arbeiterklasse. Die Kommune sollte nicht eine parlamentarische, sondern eine arbeitende Körperschaft sein, vollziehend und gesetzgebend zu gleicher Zeit. Die Polizei, bisher das Werkzeug der Staatsregierung, wurde sofort aller ihrer politischen Eigenschaften entkleidet und in das verantwortliche und jederzeit absetzbare Werkzeug der Kommune verwandelt. Ebenso die Beamten aller anderen Verwaltungszweige. Von den Mitgliedern der Kommune an abwärts, mußte der öffent=

liche Dienst für Arbeiterlohn besorgt werden. Die erworbenen Anrechte und die Repräsentationsgelder der hohen Staatswürdenträger verschwanden mit diesen Würdenträgern selbst. Die öffentlichen Aemter hörten auf, das Privateigenthum der Handlanger der Centralregierung zu sein. Nicht nur die städtische Verwaltung, sondern auch die ganze, bisher durch den Staat ausgeübte Initiative wurde in die Hände der Kommune gelegt.

Das stehende Heer und die Polizei, die Werkzeuge der materiellen Macht der alten Regierung einmal beseitigt, ging die Kommune sofort darauf aus, das geistliche Unterdrückungswerkzeug, die Pfaffenmacht, zu brechen; sie dekretirte die Auflösung und Enteignung aller Kirchen, soweit sie besitzende Körperschaften waren. Die Pfaffen wurden in die Stille des Privatlebens zurückgesandt, um dort, nach dem Bilde ihrer Vorgänger, der Apostel, sich von dem Almosen der Gläubigen zu nähren. Sämmtliche Unterrichtsanstalten wurden dem Volk unentgeltlich geöffnet und gleichzeitig von aller Einmischung des Staats und der Kirche gereinigt. Damit war nicht nur die Schulbildung für Jedermann zugänglich gemacht, sondern auch die Wissenschaft selbst von den ihr durch das Klassenvorurtheil und die Regierungsgewalt auferlegten Fesseln befreit.

Die richterlichen Beamten verloren jene scheinbare Unabhängigkeit, die nur dazu gedient hatte, ihre Unterwürfigkeit unter alle auf einander folgenden Regierungen zu verdecken, deren jeder sie, der Reihe nach, den Eid der Treue geschworen und gebrochen hatten. Wie alle übrigen öffentlichen Diener, sollten sie fernerhin gewählt, verantwortlich und absetzbar sein.

Die Pariser Kommune sollte selbstverständlich allen großen gewerblichen Mittelpunkten Frankreichs zum Muster dienen. Sobald die kommunale Ordnung der Dinge einmal in Paris und den Mittelpunkten zweiten Ranges eingeführt war, hätte die alte centralisirte Regierung auch in den Provinzen der Selbstregierung der Produzenten weichen müssen. In einer kurzen Skizze der nationalen Organisation, die die Kommune nicht die Zeit hatte, weiter auszuarbeiten, heißt es ausdrücklich, daß die Kommune die politische Form selbst des kleinsten Dorfs sein, und daß das stehende Heer auf dem Lande durch eine Volksmiliz mit äußerst kurzer Dienstzeit ersetzt werden sollte. Die Landgemeinden eines jeden Bezirks sollten ihre gemeinsamen Angelegenheiten durch eine Versammlung von Abgeordneten in der Bezirkshauptstadt verwalten, und diese Bezirksversammlungen dann wieder Abgeordnete zur Nationaldelegation in Paris schicken; die Abgeordneten sollten jederzeit absetzbar und an die bestimmten Instruktionen ihrer Wähler gebunden sein. Die wenigen, aber wichtigen Funktionen, welche dann noch für eine Centralregierung übrig blieben, sollten nicht, wie dies absichtlich gefälscht worden, abgeschafft, sondern an kommunale, d. h. streng verantwortliche Beamte übertragen werden. Die Einheit der Nation sollte nicht gebrochen, sondern im Gegentheil organisirt werden durch die Kommunalverfassung; sie sollte eine Wirklichkeit werden durch die Vernichtung jener Staatsmacht, welche sich für die Verkörperung dieser Einheit ausgab, aber unabhängig und überlegen sein wollte gegenüber der Nation, an deren Körper sie doch nur ein Schmarotzerauswuchs war. Während es galt, die bloß unterdrückenden Organe der alten Regierungsmacht abzuschneiden, sollten ihre berechtigten Funktionen einer Gewalt, die über der Gesellschaft zu stehen beanspruchte, entrissen und den verantwortlichen Dienern der Gesellschaft zurückgegeben werden. Statt Einmal in drei oder sechs Jahren zu entscheiden, welches Mitglied der herrschenden Klasse das Volk im Parlamente ver- und zertreten soll, sollte das allgemeine Stimmrecht dem in Kommunen konstituirten Volk dienen, wie das individuelle Stimmrecht jedem andern Arbeitgeber dazu dient, Arbeiter, Aufseher und Buchhalter in seinem Geschäft auszusuchen. Und es ist bekannt genug, daß Gesellschaften ebensogut wie Einzelne, in wirklichen Geschäftssachen gewöhnlich den rechten Mann zu finden, und falls sie sich einmal täuschen, dies bald wieder gut zu machen wissen. Andrerseits aber konnte nichts dem Geist der Kommune fremder sein, als das allgemeine Stimmrecht durch hierarchische Investitur zu ersetzen.

Es ist das gewöhnliche Schicksal neuer geschichtlicher Schöpfungen, für das Seitenstück älterer und selbst verlebter Formen des gesellschaftlichen Lebens versehen zu werden, denen sie einigermaßen ähnlich sehen. So ist diese neue Kommune, die die moderne Staatsmacht bricht, angesehen worden für eine Wiederbelebung der mittelalterlichen Kommunen, welche jener Staatsmacht erst vorausgingen und dann ihre Grundlage bildeten. — Die Kommunalverfassung ist versehen worden für einen Versuch, einen Bund kleiner Staaten, wie Montesquieu und die Girondins ihn träumten, an die Stelle jener Einheit großer Völker zu setzen, die, wenn ursprünglich durch Gewalt zu Stande gebracht, doch jetzt ein mächtiger Faktor der gesellschaftlichen Produktion geworden ist. — Der Gegensatz der Kommune gegen die Staatsmacht ist versehen worden für eine übertriebene Form des alten Kampfes gegen Uebercentralisation. Besondere geschichtliche Umstände mögen die klassische Entwickelung der Bourgeois-Regierungsform, wie sie in Frankreich vor sich gegangen, in anderen Ländern verhindert, und mögen gestattet haben, daß, wie in England, die großen centralen Staatsorgane sich ergänzen durch korrupte Pfarreiversammlungen (vestries), geldschachernde Stadträthe und wuthschnaubende Armenverwalter in den Städten, und durch thatsächlich erbliche Friedensrichter auf dem Lande. Die Kommunalverfassung würde im Gegentheil dem gesellschaftlichen Körper alle die Kräfte zurückgegeben haben, die bisher der Schmarotzerauswuchs „Staat", der von der Gesellschaft sich nährt und ihre freie Bewegung hemmt, aufgezehrt hat. Durch diese That allein würde sie die Wiedergeburt Frankreichs in Gang gesetzt haben. — Die Mittelklasse der Provinzialstädte sah in der Kommune einen Versuch zur Wiederherstellung der Herrschaft, die sie unter Louis Philippe über das Land ausgeübt hatte und die unter Louis Bonaparte verdrängt wurde durch die angebliche Herrschaft des Landes über die Städte. In Wirklichkeit aber hätte die Kommunalverfassung die ländlichen Produzenten unter die geistige Führung der Bezirkshauptstädte gebracht und ihnen dort, in den städtischen Arbeitern, die natürlichen Vertreter ihrer Interessen gesichert. — Das bloße Bestehen der Kommune führte, als etwas Selbstverständliches, die lokale Selbstregierung mit sich, aber nun nicht mehr als Gegengewicht gegen die, jetzt überflüssig gemachte, Staatsmacht. Es konnte nur einem Bismarck einfallen, der, wenn nicht von seinen Blut- und Eisen-Intriguen in Anspruch genommen, gern zu seinem alten, seinem geistigen Kaliber so sehr zusagenden Handwerk als Mitarbeiter am „Kladderadatsch" zurückkehrt — nur einem solchen Kopf konnte es einfallen, der Pariser Kommune eine Sehnsucht unterzuschieben nach jener Karrikatur der alten französischen Städteverfassung von 1791, der preußischen Städteordnung, die die städtischen Verwaltungen zu bloßen untergeordneten Rädern in der preußischen Staatspolizei-Maschinerie erniedrigt. — Die Kommune machte das Stichwort aller Bourgeoisrevolutionen — wohlfeile Regierung — zur Wahrheit, indem sie die beiden größten Ausgabequellen, die Armee und das Beamtenthum, aufhob. Ihr bloßes Bestehen setzte das Nichtbestehen der Monarchie voraus, die, wenigstens in Europa, der regelrechte Ballast und der unentbehrliche Deckmantel der Klassenherrschaft ist. Sie verschaffte der Republik die Grundlage wirklich demokratischer Einrichtungen. Aber weder „wohlfeile Regierung", noch die „wahre Republik" war ihr Endziel; beide ergaben sich nebenbei und von selbst.

Die Mannichfaltigkeit der Deutungen, denen die Kommune unterlag, und die Mannichfaltigkeit der Interessen, die sich in ihr ausgedrückt fanden, beweisen, daß sie eine durch und durch ausdehnungsfähige politische Form war, während alle früheren Regierungsformen wesentlich unterdrückend gewesen waren. Ihr wahres Geheimniß war dies: sie war wesentlich eine **Regierung der Arbeiterklasse**, das Resultat des Kampfes der hervorbringenden gegen die aneignende Klasse, die endlich entdeckte politische Form, unter der die ökonomische Befreiung der Arbeit sich vollziehen konnte.

Ohne diese letzte Bedingung war die Kommunalverfassung eine Unmöglichkeit und eine Täuschung. Die politische Herrschaft des Produzenten kann nicht bestehen neben der Verewigung seiner gesellschaftlichen Knechtschaft. Die Kommune sollte daher als Hebel dienen, um die ökonomischen Grundlagen umzustürzen, auf denen der Bestand der Klassen und damit der Klassenherrschaft ruht. Einmal die Arbeit emanzipirt, so wird jeder Mensch ein Arbeiter, und produktive Arbeit hört auf, eine Klasseneigenschaft zu sein.

Es ist eine eigenthümliche Thatsache: Trotz all des großen Geredes und der unermeßlichen Literatur der letzten sechszig Jahre über Emanzipation der Arbeit — kaum nehmen die Arbeiter irgendwo die Sache in ihre eigenen Hände, so ertönen auch sofort wieder alle die apologetischen Redensarten der Fürsprecher der jetzigen Gesellschaft mit ihren beiden Polen: Kapital und Lohnsklaverei (der Grundbesitzer ist jetzt nur noch der stille Gesellschafter des Kapitalisten) — als ob die kapitalistische Gesellschaft noch im Stande reinster jungfräulicher Unschuld lebte alle ihre Gegensätze noch unentwickelt, alle ihre Selbsttäuschungen, noch unenthüllt, alle ihre prostituirte Wirklichkeit noch nicht bloßgelegt. Die Kommune, rufen sie aus, will das Eigenthum, die Grundlage aller Civilisation abschaffen! Jawohl, meine Herren, die Kommune wollte jenes Klasseneigenthum abschaffen, das die Arbeit der Vielen in den Reichthum der Wenigen verwandelt. Sie beabsichtigte die Enteignung der Enteigner. Sie wollte das individuelle Eigenthum zu einer Wahrheit machen, indem sie die Produktionsmittel, den Erdboden und das Kapital, jetzt vor Allem die Mittel zur Knechtung und Ausbeutung der Arbeit, in bloße Werkzeuge der freien und associirten Arbeit verwandelt. — Aber dies ist der Kommunismus, der „unmögliche" Kommunismus! Nun, diejenigen Leute aus den herrschenden Klassen, die verständig genug sind, die Unmöglichkeit der Fortdauer des jetzigen Systems einzusehen — und deren gibt es Viele — haben sich zu zudringlichen und vollmäuligen Aposteln der genossenschaftlichen Produktion aufgeworfen. Wenn aber die genossenschaftliche Produktion nicht eitel Schein und Schwindel bleiben, wenn sie das kapitalistische System verdrängen, wenn die Gesammtheit der Genossenschaften die nationale Produktion nach einem gemeinsamen Plan regeln, sie damit unter ihre eigne Leitung nehmen, und der beständigen Anarchie und den periodisch wiederkehrenden Convulsionen welche das Fatum (unvermeidliche Schicksal) der kapitalistischen Produktion sind, ein Ende machen soll — was wäre das anderes, meine Herren, als der Kommunismus, der „mögliche" Kommunismus?

Die Arbeiterklasse verlangte keine Wunder von der Kommune. Sie hat keine fix und fertigen Utopieen durch Volksbeschluß einzuführen. Sie weiß, daß, um ihre eigne Befreiung und mit ihr jene höhere Lebensform hervorzuarbeiten, der die gegenwärtige Gesellschaft durch ihre eigene ökonomische Entwickelung unwiderstehlich entgegenstrebt, daß sie, die Arbeiterklasse, lange Kämpfe, eine ganze Reihe geschichtlicher Prozesse durchzumachen hat, durch welche die Menschen wie die Umstände gänzlich umgewandelt werden. Sie hat keine Ideale zu verwirklichen; sie hat nur die Elemente der neuen Gesellschaft in Freiheit zu setzen, die sich bereits im Schooß der zusammenbrechenden Bourgeoisgesellschaft entwickelt haben. Im vollen Bewußtsein ihrer geschichtlichen Sendung und mit dem Heldenentschluß, ihrer würdig zu handeln, kann die Arbeiterklasse sich begnügen, zu lächeln gegenüber den plumpen Schimpfereien der Lakaien von der Presse, und gegenüber der lehrhaften Protektion wohlmeinender Bourgeois-Doktrinäre, die ihre unwissenden Gemeinplätze und Sektirermarotten im Orakelton wissenschaftlicher Unfehlbarkeit abpredigen.

Als die Pariser Kommune die Leitung der Revolution in ihre eigne Hand nahm; als einfache Arbeiter zum ersten Mal es wagten, das Regierungsprivilegium ihrer „natürlichen Obern", der Besitzenden, anzutasten, und, unter Umständen von beispielloser Schwierigkeit, ihre Arbeit bescheiden, gewissenhaft, und wirksam verrichteten — sie verrichteten für Gehalte, deren höchstes kaum ein Fünftel von dem war, was nach einem hohen wissenschaftlichen Gewährsmann (Professor Hurley) das Geringste ist für einen Sekretär des Londoner Schulraths, — da wand sich die alte Welt in Wuthkrämpfen beim Anblick der rothen Fahne, die, das Symbol der Republik der Arbeit, über dem Stadthause wehte.

Und doch war dies die erste Revolution, in der die Arbeiterklasse offen anerkannt war als die einzige Klasse, die noch einer gesellschaftlichen Initiative fähig war; anerkannt selbst durch die große Masse der Pariser Mittelklasse — Kleinhändler, Handwerker, Kaufleute — die reichen Kapitalisten allein ausgenommen. Die Kommune hatte sie gerettet durch eine weise Erledigung jener immer wiederkehrenden Ursache des Streits unter der Mittelklasse selbst, der Frage zwischen Schuldnern und Gläubigern. Derselbe Theil der Mittelklasse hatte sich 1848 bei der Unterdrückung des Arbeiteraufstands vom Juni betheiligt; und unmittelbar darauf war er durch die konstituirende Versammlung ohne alle Umstände seinen Gläubigern zum Opfer gebracht worden. Aber dies war nicht der einzige Grund, weßwegen er sich jetzt an die Arbeiter anschloß. Er fühlte, daß es nur noch eine Wahl gab: die Kommune, oder das Kaiserthum, gleichviel unter welchem Namen. Das Kaiserthum hatte diese Mittelklasse ökonomisch ruinirt durch seine Verschleuderung des öffentlichen Reichthums, durch den von ihm großgezogenen Finanzschwindel, durch seine Beihülfe zur künstlich beschleunigten Centralisation des Kapitals, und die dadurch bedingte Enteignung eines großen Theils dieser Mittelklasse. Es hatte sie politisch unterdrückt, sie sittlich entrüstet durch seine Orgien, es hatte ihren Voltairianismus beleidigt durch Ueberlieferung der Erziehung ihrer Kinder an die „unwissenden Brüderlein", es hatte ihr Nationalgefühl als Franzosen empört, indem es sie kopfüber in einen Krieg stürzte, der für alle die Verwüstung, die er anrichtete, nur einen Ersatz ließ — die Vernichtung des Kaiserthums. In der That, nach der Auswanderung der hohen bonapartistischen und kapitalistischen Zigeunerbande aus Paris, trat die wahre Ordnungspartei der Mittelklasse hervor als die „Union Républicaine", stellte sich unter die Fahne der Kommune und vertheidigte sie gegen Thiers' absichtliche Entstellungen. Ob die Dankbarkeit dieser großen Masse der Mittelklasse die jetzigen schweren Prüfungen bestehen wird, bleibt abzuwarten.

Die Kommune hatte vollständig Recht, als sie den Bauern zurief: „Unser Sieg ist Eure einzige Hoffnung!" Von allen den

Lügen, die in Versailles ausgeheckt und von den ruhmvollen europäischen Preßzuaven weiterposaunt wurden, war eine der ungeheuerlichsten die, daß die Krautjunker der Nationalversammlung die Vertreter der französischen Bauern seien. Man denke sich nur die Liebe des französischen Bauern für die Leute, denen er, nach 1815, eine Milliarde Entschädigung zahlen mußte! In den Augen des französischen Bauern ist ja schon die bloße Existenz eines großen Grundbesitzers ein Eingriff in seine Eroberungen von 1789. Der Bourgeois hatte 1848 die Bodenparzelle des Bauern mit der Zuschlagssteuer von 45 Centimen auf den Franken belastet, aber er that es im Namen der Revolution; jetzt hatte er einen Bürgerkrieg gegen die Revolution entzündet, um die Hauptlast der den Preußen bewilligten fünf Milliarden Kriegsentschädigung den Bauern aufzubürden. Die Kommune dagegen erklärte gleich in einer ihrer ersten Proklamationen, daß die wirklichen Urheber des Krieges auch dessen Kosten tragen müßten. Die Kommune würde dem Bauer die Blutsteuer abgenommen, ihm eine wohlfeile Regierung gegeben, und seine jetzigen Blutsauger, den Notar, den Advokaten, den Gerichtsvollzieher und andere gerichtliche Vampyre, in besoldete Kommunalbeamte, von ihm selbst gewählt und ihm verantwortlich, verwandelt haben. Sie würde ihn befreit haben von der Willkührherrschaft des Flurschützen, des Gensdarmen und des Präfekten; sie würde an Stelle der Verdummung durch den Pfaffen die Aufklärung durch den Schullehrer gesetzt haben. Und der französische Bauer ist vor Allem ein Mann, der rechnet. Er würde es äußerst vernünftig gefunden haben, daß die Bezahlung des Pfaffen, statt durch den Steuereinnehmer eingetrieben zu werden, nur von der freiwilligen Bethätigung des Frömmigkeitstriebs seiner Gemeinde abhangen solle. Dies waren die großen unmittelbaren Wohlthaten, die die Herrschaft der Kommune — und sie allein — den französischen Bauern in Aussicht stellte. Es ist daher ganz überflüssig, hier näher einzugehen auf die verwickelteren wirklichen Lebensfragen, die die Kommune allein fähig, und gleichzeitig gezwungen war, zu Gunsten des Bauern zu lösen — die Hypothekenschuld, die wie ein Alp auf seiner Parzelle lastete, das ländliche Proletariat, das täglich auf ihr heranwuchs, und seine eigne Enteignung von dieser Parzelle, die mit stets wachsender Geschwindigkeit durch die Entwickelung der modernen Ackerbauwissenschaft und die Konkurrenz des kapitalistischen Bodenbaues sich durchsetzte.

Der französische Bauer hatte Louis Bonaparte zum Prä=

sidenten der Republik gewählt, aber die Ordnungspartei schuf das zweite Kaiserthum. Was der französische Bauer wirklich bedarf, fing er an 1849 und 50 zu zeigen, indem er überall seinen Maire dem Regierungspräfekten, seinen Schullehrer dem Regierungspfaffen und sich selbst dem Regierungsgensdarmen entgegen stellte. Alle von der Ordnungspartei im Januar und Februar 1850 erlassenen Gesetze waren eingestandene Zwangsmaßregeln gegen die Bauern. Der Bauer war Bonapartist, weil die große Revolution, mit all ihren Vortheilen für ihn, in seinen Augen in Napoleon verkörpert war. Diese Täuschung, die unter dem zweiten Kaiserthum rasch am Zusammenbrechen war (und sie war ihrer ganzen Natur nach den Krautjunkern feindlich), dies Vorurtheil der Vergangenheit, wie hätte es bestehen können gegenüber dem Appel der Kommune an die lebendigen Interessen und dringenden Bedürfnisse der Bauern?

Die Krautjunker — dies war in der That ihre Hauptbefürchtung — wußten, daß drei Monate freien Verkehrs zwischen dem kommunalen Paris und den Provinzen einen allgemeinen Bauernaufstand zu Wege bringen würden. Daher ihre ängstliche Eile, Paris mit einer Polizeiblokade zu umgeben und die Verbreitung der Rinderpest zu hemmen.

Wenn sonach die Kommune die wahre Vertreterin aller gesunden Elemente der französischen Gesellschaft war, und daher die wahrhaft nationale Regierung, so war sie gleichzeitig, als eine Arbeiterregierung, als der kühne Vorkämpfer der Befreiung der Arbeit, im vollen Sinne des Wortes international. Unter den Augen der preußischen Armee, die zwei französische Provinzen an Deutschland annexirt hatte, annexirte die Kommune die Arbeiter der ganzen Welt an Frankreich.

Das zweite Kaiserthum war das Jubelfest der kosmopolitischen Prellerei gewesen, die Hochstapler aller Länder waren auf seinen Ruf herzugestürzt, theilzunehmen an seinen Orgien und an der Ausplünderung des französischen Volkes. Selbst in diesem Augenblick noch ist Thiers' rechte Hand Ganesco, der walachische Lump, und seine linke Hand Markowski, der russische Spion. Die Kommune ließ alle Fremden zu zu der Ehre, für eine unsterbliche Sache zu fallen. — Zwischen dem durch ihren Verrath verlorenen auswärtigen Krieg und dem durch ihre Verschwörung mit dem fremden Eroberer entzündeten Bürgerkrieg hatte die Bourgeoisie die Zeit gefunden, ihren Patriotismus durch die Organisation von Polizeijagden auf die Deutschen in

Frankreich zu bethätigen. Die Kommune machte einen Deutschen zu ihrem Arbeitsminister. — Thiers, die Bourgeoisie, das zweite Kaiserthum, hatten Polen immerfort durch laute Verheißungen der Theilnahme getäuscht, während sie in Wirklichkeit es an Rußland verriethen und Rußlands schmutzige Arbeit verrichteten. Die Kommune ehrte die Heldensöhne Polens, indem sie sie an die Spitze der Vertheidiger von Paris stellte. Und, um ganz unverkennbar die neue geschichtliche Aera zu bezeichnen, die sie einzuleiten sich bewußt war, warf die Kommune, unter den Augen, hier der siegreichen Preußen, dort der von bonapartistischen Generalen geführten bonapartistischen Armee, das kolossale Symbol des Kriegsruhms nieder, die Vendômesäule.

Die große soziale Maßregel der Kommune war ihr eignes arbeitendes Dasein. Ihre besonderen Maßregeln konnten nur die Richtung andeuten, in der eine Regierung des Volkes durch das Volk sich bewegt. Dahin gehören die Abschaffung der Nachtarbeit der Bäckergesellen; das Verbot, bei Strafe, der bei Arbeitgebern üblichen Praxis, den Lohn herabzudrücken durch Auferlegung von Geldstrafen auf die Arbeiter unter allerlei Vorwänden, — ein Verfahren, wobei der Arbeitgeber in Einer Person Gesetzgeber, Richter und Vollstrecker ist und obendrein das Geld einsteckt. Eine andere Maßregel dieser Art war die Auslieferung von allen geschlossenen Werkstätten und Fabriken an Arbeitergenossenschaften, unter Vorbehalt der Entschädigung, gleichviel ob der betreffende Kapitalist geflüchtet war oder aber vorzog, die Arbeit einzustellen.

Die finanziellen Maßregeln der Kommune, ausgezeichnet durch ihre Einsicht und ihre Mäßigung, konnten sich nur auf solche beschränken, die mit der Lage einer belagerten Stadt verträglich waren. In Anbetracht der ungeheuren Diebstähle, begangen an der Stadt Paris durch die großen Finanzkompagnien und Bauunternehmer unter Haußmann's Herrschaft, hätte die Kommune ein weit größeres Recht gehabt, ihr Eigenthum zu konfisciren, als Louis Bonaparte das der Familie Orleans. Die Hohenzollern und die englischen Oligarchen, die Beide ein gutes Stück ihrer Besitzungen von geraubtem Kircheneigenthum herleiten, waren natürlich höchst entrüstet über die Kommune, die aus der Säkularisation nur 8000 Franken profitirte.

Während die Versailler Regierung, sobald sie wieder zu etwas Muth und Stärke gekommen, die gewaltsamsten Mittel gegen die Kommune anwandte; während sie die freie Meinungsäußerung über ganz Frankreich unterdrückte und sogar Versammlungen von Delegirten der großen Städte verbot; während sie Versailles und das übrige Frankreich einer Spionage, weit schlimmer als die des zweiten Kaiserthums, unterwarf; während sie durch ihre Gensdarmen-Inquisitoren alle in Paris gedruckten Zeitungen verbrannte und alle Briefe von und nach Paris erbrach; während in der Nationalversammlung die furchtsamsten Versuche, ein Wort für Paris zu verlautbaren, niedergeheult wurden in einer, selbst in der Junkerkammer von 1816 unerhörten Weise; während der blutdürstigen Kriegführung der Versailler außerhalb, und ihrer Versuche der Bestechung und Verschwörung innerhalb Paris — hätte da die Kommune nicht ihre Stellung schmählich verrathen, wenn sie alle Anstandsformen des Liberalismus, wie im tiefsten Frieden, beobachtet hätte? Wäre die Regierung der Kommune der des Herrn Thiers verwandt gewesen, es wäre ebensowenig Veranlassung dagewesen, Ordnungsparteiblätter in Paris, wie Kommunalblätter in Versailles zu unterdrücken.

Es war in der That ärgerlich für die Krautjunker, daß gerade um die Zeit, wo sie die Rückkehr zur Kirche als einziges Mittel zur Rettung Frankreichs erklärten, die ungläubige Kommune die eigenthümlichen Geheimnisse des Nonnenklosters Picpus und der Kirche St. Laurent aufdeckte. Es war eine Satire auf Thiers, daß, während er Großkreuze auf die bonapartistischen Generale regnen ließ für ihre Meisterschaft im Schlachtenverlieren, Kapitulationsunterzeichnen und Wilhelmshöher Cigarrettendrehen, die Kommune ihre Generale absetzte und verhaftete, sobald sie der Vernachlässigung ihres Dienstes verdächtig waren. Die Ausstoßung und Verhaftung eines Mitgliedes, das sich unter falschem Namen eingeschlichen, und früher in Lyon sechs Tage Gefängniß wegen einfachen Bankerotts erlitten hatte — war sie nicht eine vorbedachte Beleidigung, ins Gesicht geschleudert dem Fälscher Jules Favre, damals noch immer auswärtiger Minister Frankreichs, noch immer Frankreich verkaufend an Bismarck, noch immer Befehle diktirend jener unvergleichlichen belgischen Regierung? Aber, in der That, die Kommune machte keinen Anspruch auf Unfehlbarkeit, wie dies alle die alten Regierungen ohne Ausnahme thun. Sie veröffentlichte alle ihre Reden und Handlungen, sie weihte das Publikum ein in alle ihre Unvollkommenheiten.

In jeder Revolution drängen sich, neben ihren wirklichen Vertretern, Leute andern Gepräges vor. Einige sind die Ueberlebenden früherer Revolutionen, mit denen sie verwachsen sind;

ohne Einsicht in die gegenwärtige Bewegung, aber noch im Besitz großen Einflusses auf das Volk durch ihren bekannten Muth und Charakter, oder auch durch bloße Tradition. Andre sind bloße Schreier, die, jahrelang dieselben ständigen Deklamationen gegen die Regierung des Tages wiederholend, sich in den Ruf von Revolutionären des reinsten Wassers eingeschlichen haben. Auch nach dem 18. März kamen solche Leute zum Vorschein und spielten sogar in einigen Fällen eine hervorragende Rolle. Soweit ihre Macht ging, hemmten sie die wirkliche Aktion der Arbeiterklasse, wie sie die volle Entwicklung jeder früheren Revolution gehemmt haben. Sie sind ein unvermeidliches Uebel; mit der Zeit schüttelt man sie ab; aber gerade diese Zeit wurde der Kommune nicht gelassen.

Wunderbar in der That war die Verwandlung, die die Kommune an Paris vollzogen hatte! Keine Spur mehr von dem buhlerischen Paris des zweiten Kaiserthums. Paris war nicht länger der Sammelplatz von britischen Grundbesitzern, irischen Absentees, amerikanischen Ex-Sklavenhaltern und Emporkömmlingen, russischen Ex-Leibeignenbesitzern und walachischen Bojaren. Keine Leichen mehr in der Morgue, keine nächtlichen Einbrüche, fast keine Diebstähle mehr; seit den Februartagen von 1848 waren die Straßen von Paris wirklich wieder einmal sicher, und das ohne irgend welche Polizei. „Wir", sagte ein Mitglied der Kommune, „wir hören jetzt nichts mehr von Mord, Raub und Thätlichkeiten gegen Personen; es scheint in der That, als ob die Polizei alle ihre konservativen Freunde mit nach Versailles geschleppt habe." Die Cocotten hatten die Fährte ihrer Beschützer wiedergefunden — der flüchtigen Männer der Familie, der Religion und vor Allem des Eigenthums. An ihrer Stelle kamen die wirklichen Weiber von Paris wieder an die Oberfläche — heroisch, hochherzig und aufopfernd wie die Weiber des Alterthums. Paris, arbeitend, denkend, kämpfend, blutend, über seiner Vorbereitung einer neuen Gesellschaft fast vergessend der Kannibalen vor seinen Thoren, strahlend in der Begeisterung seiner geschichtlichen Initiative!

Und nun, gegenüber dieser neuen Welt in Paris, siehe da die alte Welt in Versailles — diese Versammlung der Ghuls aller verstorbenen Régimes, Legitimisten und Orleanisten, gierig, vom Leichnam der Nation zu zehren — mit einem Schwanz vorsündfluthlicher Republikaner, die durch ihre Gegenwart in der Versammlung der Sklavenhalter-Rebellion zustimmten, die Erhaltung ihrer parlamentarischen Republik von der Eitelkeit

3

des bejahrten Pickelhärings an der Spitze der Regierung er=
hofften, und 1789 karrikirten durch Abhaltung ihrer gespenster=
haften Versammlungen im Jeu de Paume (Ballspielhaus, wo
die Nationalversammlung von 1789 ihre berühmten Beschlüsse
faßte). Da war sie, diese Versammlung, die Vertreterin von
allem, was abgestorben war in Frankreich, aufgestützt zur Positur
scheinbaren Lebens durch Nichts als die Säbel der Generale
von Louis Bonaparte. Paris ganz Wahrheit, Versailles ganz
Lüge, und diese Lüge losgelassen durch den Mund von Thiers.

Thiers sagt einer Deputation der Bürgermeister des Seine=
und Oise=Departements: „Sie können sich auf mein Wort ver=
lassen, das ich nie gebrochen habe!" Der Versammlung selbst
sagt er, sie sei „die freiestgewählte und liberalste Versammlung,
die Frankreich je besessen;" seiner buntgemischten Soldateska, sie
sei „die Bewunderung der Welt und die schönste Armee, die
Frankreich je gehabt;" den Provinzen, das Bombardement von
Paris sei ein Mährchen: „wenn einige Kanonenschüsse gefallen
sind, so geschah das nicht durch die Versailler Armee, sondern
durch einige Insurgenten, die glauben machen wollen, sie schlü=
gen sich, wo sie sich doch nirgends zu zeigen wagen." Dann
wieder sagt er den Provinzen: „Die Artillerie von Versailles
bombardirt Paris nicht, sie kanonirt es bloß." Dem Erzbischof
von Paris sagt er, die den Versaillern Truppen nacherzählten
Erschießungen und Repressalien (!) seien lauter Lügen. Er
verkündet an Paris, er beabsichtige nur „es von den scheuß=
lichen Tyrannen zu befreien, die es bedrücken", und das Paris
der Kommune sei in der That „nur eine Handvoll Verbrecher."

Das Paris des Thiers war nicht das wirkliche Paris der
„schoflen Menge", sondern ein Phantasie=Paris, das Paris der
Francs=Fileurs, das Paris der Boulevards, männlich wie weib=
lich, das reiche, das kapitalistische, das vergoldete, das faulen=
zende Paris, das sich jetzt mit seinen Lakaien, seinen Hochstap=
lern, seiner literarischen Zigeunerbande und seinen Cocotten in
Versailles, Saint Denis, Rueil und Saint=Germain drängte;
für das der Bürgerkrieg nur ein angenehmes Zwischenspiel war;
das den Kampf durchs Fernglas betrachtete, die Kanonenschüsse
zählte, und bei seiner eignen Ehre und der seiner Huren schwor,
das Schauspiel sei unendlich besser arrangirt, als es im Theater
der Porte Saint Martin je gewesen. Die Gefallenen waren
wirklich todt, das Geschrei der Verwundeten war kein bloßer
Schein; und dann, wie welthistorisch war nicht die ganze
Sache!

Dies ist das Paris des Herrn Thiers, ganz wie die Emigration von Coblenz das Frankreich des Herrn von Calonne war. —

IV.

Der erste Versuch der Sklavenhalter-Verschwörung zur Unterwerfung von Paris, wonach die Preußen es besetzen sollten, scheiterte an Bismarck's Weigerung. Der zweite Versuch, am 18. März, endigte mit der Niederlage der Armee und der Flucht der Regierung nach Versailles, wohin ihr die gesammte Verwaltungsmaschinerie folgen mußte. Durch Vorspiegelung von Friedensunterhandlungen mit Paris gewann Thiers jetzt die Zeit, den Krieg gegen Paris vorzubereiten. Aber woher eine Armee nehmen? Die Ueberbleibsel der Linienregimenter waren schwach an Zahl und unsicher von Stimmung. Seine dringenden Aufrufe an die Provinzen, Versailles mit ihren Nationalgarden und Freiwilligen zu Hülfe zu eilen, stießen auf offene Weigerung. Nur die Bretagne sandte eine Handvoll Chouans, die unter der weißen Fahne fochten, Jeder mit dem Herzen Jesu in weißem Linnen auf der Brust, und deren Schlachtruf war: Vive le Roi! (Es lebe der König!) Thiers blieb also darauf angewiesen, in aller Eile eine buntscheckige Bande zusammen zu trommeln, Matrosen, Seesoldaten, päpstliche Zuaven, Valentin's Gensdarmen, Pietri's Stadtsergeanten und Mouchards (Spione). Diese Armee wäre jedoch bis zur Lächerlichkeit ungenügend gewesen, ohne die nach und nach eintreffenden imperialistischen Kriegsgefangenen, die Bismarck in Abschlagssendungen losließ, hinreichend einerseits, den Bürgerkrieg im Gang, und andrerseits Versailles in kriechender Abhängigkeit von Preußen zu halten. Im Verlauf dieses Krieges selbst, hatte die Versailler Polizei der Versailler Armee aufzupassen, während die Gensdarmen diese Armee mit sich fortreißen mußten, indem sie sich überall an den gefährlichsten Posten zuerst aussetzten. Die Forts, welche fielen, wurden nicht genommen, sondern gekauft. Der Heldenmuth der Kommunalisten überzeugte Thiers, daß der Widerstand von Paris nicht durch sein eigenes strategisches Genie und die ihm verfügbaren Bajonette zu brechen war.

Gleichzeitig wurden seine Beziehungen zu den Provinzen immer schwieriger. Nicht eine einzige Billigungsadresse lief ein, um Thiers und seine Krautjunker aufzuheitern. Ganz im Gegentheil. Deputationen und Adressen strömten ein von allen Seiten und verlangten in einem keineswegs achtungsvollen Ton,

Versöhnung mit Paris auf Grundlage der unzweideutigen Anerkennung der Republik, der Bestätigung der kommunalen Freiheiten und der Auflösung der Nationalversammlung, deren Mandat erloschen sei. In solchen Massen kamen sie an, daß Dufaure, Thiers' Justizminister, den Staatsanwälten in einem Cirkular vom 23. April befahl, „den Ruf nach Versöhnung" als ein Verbrechen zu behandeln! Im Hinblick jedoch auf die hoffnungslose Aussicht, die ihm sein Feldzug eröffnete, beschloß Thiers, seine Taktik zu ändern und schrieb für das ganze Land Gemeinderathswahlen für den 30. April aus, auf Grund der neuen, von ihm der Nationalversammlung diktirten Gemeindeordnung. Mit den Intriguen seiner Präfekten hier, mit der Einschüchterung seiner Polizei dort, erwartete er ganz zuversichtlich, durch den Wahrspruch der Provinzen der Nationalversammlung die moralische Macht zu geben, die sie nie besessen hatte, und von den Provinzen die materielle Macht zu erhalten, deren er zur Besiegung von Paris bedurfte.

Seinen Räuberkrieg gegen Paris, verherrlicht in seinen eigenen Bülletins, und die Versuche seiner Minister, in ganz Frankreich eine neue Schreckensherrschaft zu errichten, hatte Thiers gleich von Anfang für nöthig gehalten durch eine kleine Versöhnungskomödie zu ergänzen, die mehr als Einem Zwecke dienen sollte. Sie sollte die Provinzen hinters Licht führen, die Mittelklassen in Paris anlocken, und vor Allem den angeblichen Republikanern der Nationalversammlung die Gelegenheit geben, ihren Verrath gegen Paris hinter ihrem Glauben an Thiers zu verbergen. Am 21. März, als er noch keine Armee besaß, hatte er der Versammlung erklärt: „Komme was da will, ich werde keine Armee nach Paris schicken." Am 27. März erhob er sich wieder: „Ich habe die Republik als vollendete Thatsache vorgefunden, und ich bin fest entschlossen, sie aufrecht zu erhalten." In Wirklichkeit unterdrückte er die Revolution in Lyon und Marseille im Namen der Republik, während das Gebrüll seiner Krautjunker die bloße Erwähnung ihres Namens in Versailles niederheulte. Nach dieser Heldenthat milderte er die vollendete Thatsache herab zu einer vorausgesetzten Thatsache. Die Orleansprinzen, die er vorsichtig aus Bordeaux weggeschieden hatte, durften jetzt, in offenem Gesetzesbruch, frei in Dreux intriguiren. Die Zugeständnisse, die Thiers in seinen endlosen Zusammenkünften mit den Delegirten von Paris und den Provinzen in Aussicht stellte — so sehr sie auch fortwährend in Ton und Färbung wechselten — liefen schließlich immer darauf hinaus, daß seine Rache sich voraussichtlich auf die „Handvoll Verbrecher, betheiligt beim Morde von Clement Thomas und Lecomte" beschränken solle, unter der wohlverstandenen Bedingung, daß Paris und Frankreich den Herrn Thiers selbst rückhaltslos als die beste der Republiken anerkennen sollte, gerade wie er 1830 mit Louis Philippe gethan. Und selbst diese Zugeständnisse — nicht nur daß er Sorge trug, sie zweifelhaft zu machen durch die offiziellen Erläuterungen, die seine Minister in der National-Versammlung dazu machten; nein, er hatte auch seinen Dufaure zum Handeln. Dufaure, dieser alte orleanistische Advokat, war jederzeit der Oberrichter des Belagerungszustandes gewesen, wie jetzt, 1871, unter Thiers, so 1839 unter Louis Philippe und 1849 unter Louis Bonaparte's Präsidentschaft. Wenn er nicht Minister war, bereicherte er sich, indem er für die Pariser Kapitalisten plaidirte und machte politisches Kapital, indem er gegen die von ihm selbst eingeführten Gesetze plaidirte. Jetzt, nicht zufrieden, eine Reihe Unterdrückungsgesetze durch die Nationalversammlung zu hetzen, die, nach dem Fall von Paris, die letzten Reste republikanischer Freiheit in Paris ausrotten sollten — deutete er selbst das Geschick von Paris im Voraus an, indem er die, ihm noch zu langwierige, Verfahrungsweise der Kriegsgerichte abkürzte und ein neugebackenes drakonisches Deportationsgesetz einbrachte. Die Revolution von 1848, welche die Todesstrafe für politische Verbrechen abschaffte, hatte sie durch Deportation ersetzt. Louis Napoleon wagte nicht, die Herrschaft der Guillotine wiederherzustellen, wenigstens nicht offen ausgesprochen. Die Junkerversammlung, noch nicht kühn genug, selbst nur anzudeuten, daß die Pariser nicht Rebellen, sondern Mörder seien, mußte deßhalb ihre vorweggenommene Rache gegen Paris auf Dufaure's neues Deportationsgesetz beschränken. Unter allen diesen Umständen würde Thiers seine Versöhnungskomödie unmöglich weiter gespielt haben, hätte sie nicht, was er gerade wollte, das Wuthgeschrei der Krautjunker hervorgerufen, deren wiederkäuender Verstand weder das Spiel verstand, noch die Nothwendigkeit seiner Heuchelei, Falschheit und Hinhaltung.

Angesichts der bevorstehenden Gemeinderathswahlen vom 30. April, führte Thiers am 29. eine seiner großen Versöhnungsscenen auf. Mitten in einer Fluth sentimentalen Redeergusses, rief er von der Tribüne der Nationalversammlung aus: „Die einzige Verschwörung gegen die Republik, die es gibt, ist die von Paris, die uns zwingt, französisches Blut zu vergießen. Ich wiederhole es aber und abermals: laßt diese ruchlosen Waffen fallen aus den Händen Derer, die sie führen, und die Strafe wird augenblicklich aufgehalten werden durch einen Friedensakt, der nur die kleine Zahl der Verbrecher ausschließt." Den heftigen Unterbrechungen der Krautjunker antwortete er: „Sagen Sie mir, meine Herren, ich bitte Sie inständigst, habe ich Unrecht? Thut es Ihnen wirklich leid, daß ich in Wahrheit sagen konnte, daß der Verbrecher nur eine Handvoll sind? Ist es nicht ein Glück inmitten all unseres Unglücks, daß die Leute, die fähig waren, das Blut von Clement Thomas und General Lecomte zu vergießen, nur seltene Ausnahmen bilden?"

Frankreich jedoch hatte nur taube Ohren für Thiers' Reden, in denen er sich schmeichelte, einen parlamentarischen Sirenengesang geleistet zu haben. Aus allen den 700,000 Gemeinderäthen, gewählt in den 35,000 noch bei Frankreich gebliebenen Gemeinden, setzten die vereinigten Legitimisten, Orleanisten und Bonapartisten nicht 8000 durch. Die nachfolgenden Ersatzwahlen fielen noch feindseliger aus. Die Nationalversammlung, statt von den Provinzen die so sehr benöthigte materielle Macht zu erhalten, verlor selbst den letzten Anspruch auf moralische Macht: den, der Ausdruck des allgemeinen Stimmrechts von Frankreich zu sein. Und um die Niederlage zu vollenden, bedrohten die neugewählten Gemeinderäthe aller französischen Städte die usurpatorische Versammlung von Versailles mit einer Gegenversammlung in Bordeaux.

Damit war der langerwartete Augenblick zum entscheidenden Auftreten für Bismarck gekommen. Er befahl Thiers im Herrscherton, unverzüglich Bevollmächtigte für den endgültigen Friedensschluß nach Frankfurt zu senden. In demüthigem Gehorsam gegen den Ruf seines Herrn und Meisters, beeilte sich Thiers, seinen bewährten Jules Favre, unterstützt von Pouyer-Quertier abzuschicken. Pouyer-Quertier, ein „hervorragender" Baumwollspinner von Rouen, ein glühender und selbst serviler Anhänger des zweiten Kaiserthums, hatte an diesem nie etwas Unrechtes entdeckt, außer dem Handelsvertrag mit England, der seinem eignen Fabrikanten-Interesse schadete. Kaum in Bordeaux zum Finanzminister von Thiers eingesetzt, klagte er auch schon diesen „unheiligen" Vertrag an, machte Andeutungen, daß er bald abgeschafft werde, und hatte sogar die Unverschämtheit, wenn auch umsonst (da er seine Rechnung ohne Bismarck gemacht hatte) die sofortige Wiedereinführung der alten Schutzzölle gegen das Elsaß zu versuchen, wo, wie er sagte, dem keine noch gültigen internationalen Verträge im Wege ständen. Dieser Mann, der die Contrerevolution als ein Mittel ansah, um den Arbeitslohn in Rouen herunterzudrücken, und die Abtretung französischer Provinzen als ein Mittel, den Preis seiner Waaren in Frankreich heraufzuschrauben — war er nicht schon im Voraus angezeigt als der würdige Genosse Jules Favre's, in seinem letzten, sein ganzes Werk krönenden Verrath?

Als dies fürtreffliche Paar von Bevollmächtigten nach Frankfurt kam, schnauzte Bismarck sie alsbald mit dem Kommando an: Entweder Wiederherstellung des Kaiserthums, oder unweigerliche Annahme meiner eigenen Friedensbedingungen! Diese Bedingungen enthielten eine Abkürzung der Zahlungsfristen für die Kriegsentschädigung, nebst fortdauernder Besetzung der Pariser Forts durch preußische Truppen, bis Bismarck mit dem Stand der Dinge in Frankreich sich zufrieden erkläre — so daß Preußen als höchster Schiedsrichter in den innern Angelegenheiten Frankreichs anerkannt wurde! Dagegen war er bereit, zur Ausrottung von Paris die gefangene bonapartistische Armee loszulassen und ihnen die direkte Unterstützung der Truppen des Kaisers Wilhelm zu leihen. Er verbürgte seine Ehrlichkeit dadurch, daß er die Zahlung der ersten Entschädigungsrate von der „Pacification" von Paris abhängig machte. Solch ein Köder wurde natürlich von Thiers und seinen Bevollmächtigten gierig verschlungen. Sie unterschrieben den Vertrag am 10. Mai und besorgten seine Bestätigung durch die Nationalversammlung schon am 21.

In der Zwischenzeit vom Friedensschluß bis zur Ankunft der bonapartistischen Gefangenen, fühlte sich Thiers um so mehr verpflichtet, seine Versöhnungskomödie wieder aufzunehmen, als seine republikanischen Handlanger in äußerster Bedrängniß waren wegen eines Vorwands, um bei den Vorbereitungen zum Pariser Blutbad ein Auge zuzudrücken. Noch am 8. Mai antwortete er einer Deputation von versöhnlichen Mittelbürgern: „Sobald die Insurgenten sich zur Kapitulation entschließen, sollen die Thore von Paris eine Woche lang weit geöffnet werden für Alle, außer den Mördern der Generale Clement Thomas und Lecomte."

Einige Tage nachher, heftig von den Krautjunkern wegen dieser Zusage zur Rede gestellt, weigerte er alle Auskunft, fügte aber diesen bezeichnenden Wink hinzu: „Ich sage Ihnen, es gibt Ungeduldige unter Ihnen, die zu viel Eile haben. Sie müssen noch acht Tage warten; am Ende dieser acht Tage wird keine Gefahr mehr sein und die Aufgabe wird dann ihrem Muth und ihren Fähigkeiten entsprechen." Sobald Mac Mahon im Stande war, zu versprechen, daß er bald in Paris einrücken könne, erklärte Thiers der Nationalversammlung, er „werde in Paris einziehen mit dem Gesetz in der Hand und volle Sühne verlangen von den Elenden, die das Leben von Soldaten geopfert und öffentliche Denkmäler zerstört hätten." Als der Augenblick der Entscheidung heranrückte, sagte er zur National=Versammlung: „ich werde ohne Barmherzigkeit sein"; zu Paris, sein Urtheil sei gesprochen; und zu seinen bonapar= tistischen Banditen, sie hätten Staatserlaubniß, an Paris ihre Rache nach Herzenslust auszuüben. Endlich, als am 21. Mai der Verrath dem General Douai die Thore von Paris geöff= net hatte, enthüllte Thiers, am 22., seinen Krautjunkern das „Ziel" seiner Versöhnlichkeitskomödie, die sie so hartnäckig miß= verstanden hatten. „Ich habe Ihnen vor einigen Tagen ge= sagt, wir näherten uns dem Ziele; heute komme ich Ihnen zu sagen — das Ziel ist erreicht. Der Sieg der Ordnung, Ge= rechtigkeit und Civilisation ist endlich gewonnen."

Und das war er. Die Civilisation und Gerechtigkeit der Bourgeois=Ordnung tritt hervor in ihrem wahren, gewitter= schwangern Licht, sobald die Sklaven in dieser Ordnung sich gegen ihre Herren empören. Dann stellt sich diese Civilisation und Gerechtigkeit dar als unverhüllte Wildheit und gesetzlose Rache. Jede neue Krisis im Klassenkampf zwischen dem An= eigner und dem Hervorbringer des Reichthums bringt diese Thatsache greller zum Vorschein. Selbst die Scheußlichkeiten der Bourgeois vom Juni 1848 verschwinden vor der unsag= baren Niedertracht von 1871. Der selbstopfernde Heldenmuth, womit das Pariser Volk — Männer, Weiber und Kinder — acht Tage lang nach dem Einrücken der Versailler, fortkämpf= ten, strahlt ebenso sehr zurück die Größe ihrer Sache, wie die höllischen Thaten der Soldateska zurückstrahlen den eingebornen Geist jener Civilisation, deren gemiethete Vorkämpfer und Rächer sie sind. Eine ruhmvolle Civilisation in der That, deren große Aufgabe es ist, wie die Haufen von Leichen los werden, die sie mordete, nachdem der Kampf vorüber war!

Um ein Seitenstück zu finden für das Benehmen des Thiers' und seiner Bluthunde, müssen wir zurückgehen zu den Zeiten des Sulla und der beiden römischen Triumvirate. Die= selbe massenweise Schlächterei bei kaltem Blut; dieselbe Miß=

achtung, beim Morden, von Alter und Geschlecht; dasselbe System, Gefangne zu martern; dieselben Aechtungen, aber diesmal gegen eine ganze Klasse; dieselbe wilde Jagd nach den versteckten Führern, damit auch nicht Einer entkomme; dieselbe Angeberei gegen politische und Privatfeinde; dieselbe Gleichgültigkeit bei der Niedermetzelung von dem Kampf ganz fremden Leuten. Nur der eine Unterschied ist da, daß die Römer noch keine Mitrailleusen hatten, um die Geächteten schockweise abzuthun, und daß sie nicht „in ihren Händen das Gesetz" trugen, noch auf ihren Lippen den Ruf der „Civilisation."

Und nach diesen Schandthaten, seht jetzt auf die andere, noch ekelhaftere Seite dieser Bourgeois-Civilisation, beschrieben durch ihre eigene Presse!

„Während, schreibt der Pariser Correspondent eines Londoner Toryblattes, während noch einzelne Schüsse in der Ferne ertönen und unverpflegte Verwundete zwischen den Grabsteinen des Père la Chaise verenden, während 6000 erschreckte Insurgenten im Todeskampf der Verzweiflung in den Irrgängen der Katakomben sich verloren haben, und man Unglückliche noch durch die Straßen treiben sieht, um von den Mitrailleusen schockweise niedergeschossen zu werden — ist es empörend, die Cafés gefüllt zu sehen mit Absinthtrinkern, Billard- und Dominospielern; zu sehen, wie weibliche Verworfenheit sich auf den Boulevards breit macht, und zu hören, wie der laute Schall der Schwelgerei aus den Privatzimmerchen vornehmer Restaurants die Nachtruhe stört." Herr Eduard Hervé schreibt im „Journal de Paris", einem von der Kommune unterdrückten Versaillistischen Journal: „Die Art, wie die Pariser Bevölkerung (!) gestern ihre Befriedigung an den Tag legte, war in der That mehr als frivol, und wir fürchten, das wird mit der Zeit schlimmer werden. Paris hat jetzt ein festliches Aussehen, das wahrlich nicht am Platze ist, und falls wir nicht „die Pariser des Verfalls" genannt zu werden wünschen, muß dem ein Ende gemacht werden." Und dann citirt er die Stelle des Tacitus: „Und doch, den Morgen nach jenem schrecklichen Kampf, und selbst, ehe er vollständig ausgefochten war, begann Rom, erniedrigt und verderbt, von Neuem sich zu wälzen in jenem Sumpf der Wollust, der seinen Leib zerstörte und seine Seele befleckte — alibi proelia et vulnera, alibi balnea popinaeque (hier Kämpfe und Wunden, dort Bäder und Restaurants)." — Herr Hervé vergißt nur, daß die „Pariser Bevölkerung", von der er spricht, nur die Bevölkerung des Paris von Thiers ist, die Francs-Fileurs, die haufenweise von Versailles, Saint-Denis, Rueil und Saint-Germain zurückkehren, in der That das „Paris des Verfalls."

In jedem ihrer blutigen Triumphe über die selbstopfernden Vorkämpfer einer neuen und besseren Gesellschaft, übertäubt diese, auf die Knechtung der Arbeit gegründete, schmähliche Civilisation das Geschrei ihrer Schlachtopfer durch einen Hetzruf der Verläumdung, den ein weltweites Echo wiederhallt. Das heitere Arbeiterparis der Kommune verwandelt sich plötzlich, unter den Händen der Bluthunde der „Ordnung", in ein Pandämonium. Und was beweist diese ungeheure Verwandlung dem Bourgeoisverstand aller Länder? Nichts, als daß die Kommune sich gegen die Civilisation verschworen hat! Das Pariser Volk opfert sich begeistert für die Kommune; die Zahl seiner Todten ist unerreicht in irgend einer früheren Schlacht. Was beweist das? Nichts, als daß die Kommune nicht des Volks eigne Regierung, sondern die Gewalthandlung einer Handvoll Verbrecher war! Die Weiber von Paris geben freudig ihr Leben hin, an den Barrikaden wie auf dem Richtplatz. Was beweist das? Nichts, als daß der Dämon der Kommune sie in Megären und Hekaten verwandelt hat! Die Mäßigung der Kommune, während zweimonatlicher unbestrittener Herrschaft, findet ihres Gleichen nur in dem Heldenmuth ihrer Vertheidigung. Was beweist das? Nichts, als daß die Kommune zwei Monate lang, unter der Maske der Mäßigung und Menschlichkeit, den Blutdurst ihrer teuflischen Gelüste sorgfältig verbarg, um sie in der Stunde ihres Todeskampfes loszulassen!

Das Paris der Arbeiter hat im Akt seiner heroischen Selbstopferung Gebäude und Monumente mit in die Flammen gezogen. Wenn die Beherrscher des Proletariats seinen lebendigen Leib in Stücke reißen, dürfen sie nicht länger darauf rechnen, triumphirend in die unangetasteten Mauern ihrer Wohnsitze wieder einzuziehen. Die Versailler Regierung schreit: Brandstiftung! und flüstert dies Stichwort allen ihren Handlangern zu bis ins entfernteste Dorf, auf ihre Gegner überall Jagd zu machen als der gewerbsmäßigen Brandstiftung verdächtig. Die Bourgeoisie der ganzen Welt sieht der Massenschlächterei nach der Schlacht wohlgefällig zu, aber sie entsetzt sich über die Entweihung von Dach und Fach!

Wenn Regierungen ihren Kriegsflotten Staatsfreibrief geben, „zu tödten, zu verbrennen und zu zerstören", ist das ein Freibrief für Brandstiftung? Als die britischen Truppen muthwillig das Kapitol in Washington und den Sommerpalast des Kaisers von China verbrannten, war das Brandstiftung? Als Thiers sechs Wochen lang Paris bombardirte, unter dem Vorwand, daß er bloß solche Häuser anzünden wollte, in denen Leute seien, war das Brandstiftung? — Im Krieg ist Feuer eine vollständig rechtmäßige Waffe. Gebäude, vom Feinde besetzt, bombardirt man, um sie anzuzünden. Müssen die Vertheidiger sie verlassen, so stecken sie selber sie in Brand, damit die Angreifer sich nicht darin festsetzen können. Niedergebrannt zu werden, war stets das unvermeidliche Schicksal aller in der Schlachtfront aller regelmäßigen Armeen der Welt gelegenen Gebäude. Aber im Krieg der Geknechteten gegen ihre Unterdrücker, dem einzig rechtmäßigen Krieg in der Geschichte, da soll dies bei Leibe nicht gelten! Die Kommune hat das Feuer, im strengsten Sinne des Worts, als Vertheidigungsmittel gebraucht. Sie wandte es an, um den Versailler Truppen jene langen graden Straßen zu versperren, die Haußmann absichtlich dem Artilleriefeuer offen gelegt hatte; sie wandte es an, um ihren Rückzug zu decken, grade wie die Versailler in ihrem Vordringen ihre Granaten anwandten, die mindestens ebensoviel Häuser zerstörten wie das Feuer der Kommune. Noch jetzt ist es streitig, welche Gebäude durch die Vertheidiger und welche durch die Angreifer angezündet wurden. Und die Vertheidiger nahmen Zuflucht zum Feuer erst dann, als die Versailler Truppen bereits mit ihrem Massenabmorden der Gefangenen begonnen hatten. — Zudem hatte die Kommune längst vorher öffentlich angekündigt, daß, wenn zum Aeußersten getrieben, sie sich unter den Trümmern von Paris begraben, und aus Paris ein zweites Moskau machen werde, wie die Vertheidigungsregierung, freilich nur als Deckmantel ihres Verraths, dies ebenfalls versprochen hatte. Gerade für diesen Zweck hatte Trochu das nöthige Petroleum herbeigeschafft. Die Kommune wußte, daß ihren Gegnern Nichts lag am Leben des Pariser Volks, aber sehr viel an ihren eigenen Pariser Gebäuden. Und Thiers, seinerseits, hatte erklärt, er werde in seiner Rache unerbittlich sein. Sobald er erst seine Armee schlagfertig hatte auf der einen Seite, und auf der andern die Preußen den Ausgang absperrten, rief er aus: „Ich werde erbarmungslos sein! Die Buße wird vollständig sein, die Justiz streng." Wenn die Thaten der Pariser Arbeiter Vandalismus waren, so waren sie der Vandalismus der verzweifelnden Vertheidigung, nicht der Vandalismus des Triumphs, wie der, dessen die Christen sich schuldig machten an den wirklich unschätzbaren Kunstwerken des heidnischen Alterthums; und selbst dieser Vandalismus ist vom Geschichtschreiber gerechtfertigt worden als ein unumgängliches und verhältnißmäßig unbedeutendes Moment in dem Riesenkampf zwischen einer neuen, emporkommenden und einer alten zusammenbrechenden Gesellschaft. Noch weniger war es der Vandalismus Haußmann's, der das historische Paris wegfegte, um dem Paris des Bummlers Platz zu schaffen.

Aber die Hinrichtung der vierundsechszig Geiseln, voran den Erzbischof von Paris, durch die Kommune! — Die Bourgeoisie und ihre Armee hatten im Juni 1848 eine längst aus der Kriegführung verschwundene Sitte wieder eingeführt — das Erschießen ihrer wehrlosen Gefangenen. Diese brutale Sitte ist seitdem mehr oder weniger angewandt worden bei jeder Unterdrückung eines Volksaufstands in Europa und Indien, womit bewiesen ist, daß sie ein wirklicher „Fortschritt der Civilisation" war! Andrerseits hatten die Preußen in Frankreich die Sitte wieder ins Leben gerufen, Geiseln zu nehmen — unschuldige Leute, die ihnen, mit ihrem Leben, für die Handlungen Anderer hafteten. Als Thiers, wie wir sahen, schon vom Anfang des Kampfes an die menschliche Sitte des Erschießens der kommunalistischen Gefangenen in Kraft setzte, blieb der Kommune nichts übrig, zum Schutz des Lebens dieser Gefangnen, als zur preußischen Sitte des Geiselngreifens ihre Zuflucht zu nehmen. Das Leben der Geiseln war aber und abermals verwirkt durch das anhaltende Erschießen von Gefangenen durch die Versailler. Wie konnte man ihrer noch länger schonen nach dem Blutbade, womit Mac Mahons Prätorianer ihren Einmarsch in Paris feierten? Sollte auch das letzte Gegengewicht gegen die rücksichtslose Wildheit der Bourgeoisregierungen — die Ergreifung von Geiseln — zum bloßen Gespött werden? Der wirkliche Mörder des Erzbischofs Darboy ist Thiers. Die Kommune hatte aber und abermals angeboten, den Erzbischof und einen ganzen Haufen Pfaffen in den Kauf auszuwechseln, gegen den einzigen von Thiers festgehaltenen Blanqui. Thiers weigerte sich hartnäckig. Er wußte, daß er der Kommune mit Blanqui einen Kopf geben werde, während der Erzbischof seinen Zwecken am besten dienen würde als — Leiche. Thiers ahmte hierin Cavaignac nach. Welchen Schrei des Entsetzens ließen nicht im Juni 1848, Cavaignac und seine Ordnungsmänner los, als sie die Insurgenten als Mörder des Erzbischofs Affre brandmarkten! Und doch wußten sie ganz genau, daß der Erzbischof von den Ordnungssoldaten erschossen worden. Jacquemet, der Generalvikar des Erzbischofs, hatte ihm unmittelbar nach der That sein dahin lautendes Zeugniß eingehändigt.

Dieser ganze Verleumdungschor, den die Ordnungspartei in ihren Blutfesten nie verfehlt gegen ihre Schlachtopfer anzustimmen, beweist bloß, daß der heutige Bourgeois sich für den rechtmäßigen Nachfolger des ehemaligen Feudalherrn ansieht, der jede Waffe, in seiner eignen Hand, für gerechtfertigt hielt gegenüber dem Plebejer, während irgendwelche Waffe in der Hand des Plebejers von vornherein ein Verbrechen ausmachte.

Die Verschwörung der herrschenden Klasse zum Umsturz der Revolution durch einen unter dem Schutz des fremden Eroberers geführten Bürgerkrieg — eine Verschwörung, deren Spuren wir gefolgt sind vom September bis herab zum Einmarsch der Mac Mahon'schen Prätorianer durch das St. Clouder Thor — gipfelte in dem Blutbade von Paris. Bismarck schaut mit vergnügten Sinnen auf die Trümmer von Paris, in denen er vielleicht die „erste Rate" jener allgemeinen Zerstörung der großen Städte sah, die er bereits erfleht hatte, als er noch ein einfacher Rural in der preußischen Chambre introuvable von 1849 war. Er schaut zufrieden auf die Leichen des Pariser Proletariats. Für ihn ist dies nicht nur die Austilgung der Revolution, sondern zugleich die Austilgung Frankreichs, das jetzt in Wirklichkeit enthauptet ist, und durch die französische Regierung obendrein. Mit der, allen erfolgreichen Staatsmännern eignen, Seichtigkeit sieht er nur die Oberfläche dieses ungeheuren geschichtlichen Ereignisses. Wo hat je vorher die Geschichte das Schauspiel vorgeführt eines Siegers, der seinen Sieg damit krönt, daß er sich nicht nur zum Gensdarmen, sondern auch zum gemietheten Bravo der besiegten Regierung hergibt? Zwischen Preußen und der Kommune von Paris war kein Krieg. Im Gegentheil, die Kommune hatte die Friedenspräliminarien angenommen und Preußen hatte seine Neutralität erklärt. Preußen war also keine kriegführende Partei. Es handelte als Bravo; als feiger Bravo, weil es keinerlei Gefahr auf sich lud; als gemietheter Bravo, weil es im Voraus die Zahlung seines Blutgeldes von 500 Millionen von dem Fall von Paris abhängig machte. Und so kam denn end=

lich an den Tag der wahre Charakter jenes Krieges, den die Vorsehung angeordnet hatte zur Züchtigung des gottlosen und liederlichen Frankreichs durch das fromme und sittliche Deutschland! Und dieser unerhörte Bruch des Völkerrechts, selbst wie es von den Juristen der alten Welt verstanden, statt die „zivilisirten" Regierungen Europas aufzurütteln, daß sie dies rechtsbrüchige Preußen, das bloße Werkzeug des Petersburger Kabinets, in die Acht der Völker erklären — treibt sie nur zu der Erwägung, ob die wenigen Schlachtopfer, die der doppelten Postenkette um Paris entgehen, nicht auch noch dem Versailler Henker auszuliefern sind!

Daß nach dem gewaltigsten Krieg der neueren Zeit, die siegreiche und die besiegte Armee sich verbünden zum gemeinsamen Abschlachten des Prolétariats — ein so unerhörtes Ereigniß beweist, nicht wie Bismarck glaubt, die endliche Niederdrückung der sich emporarbeitenden neuen Gesellschaft, sondern die vollständige Zerbröckelung der alten Bourgeoisgesellschaft. Der höchste heroische Aufschwung, dessen die alte Gesellschaft noch fähig war, ist der Nationalkrieg, und dieser erweist sich jetzt als reiner Regierungsschwindel, der keinen andern Zweck mehr hat, als den Klassenkampf hinauszuschieben, und der bei Seite fliegt, sobald der Klassenkampf in Bürgerkrieg auflodert. Die Klassenherrschaft ist nicht länger im Stande, sich unter einer nationalen Uniform zu verstecken; die nationalen Regierungen sind Eins gegenüber dem Proletariat!

Nach Pfingstsonntag 1871 kann es keinen Frieden und keine Waffenruhe mehr geben zwischen den Arbeitern Frankreichs und den Aneignern ihrer Arbeitserzeugnisse. Die eiserne Hand einer gemietheten Soldateska mag beide Klassen, für eine Zeitlang, in gemeinsamer Unterdrückung niederhalten. Aber der Kampf muß aber und abermals ausbrechen, in stets wachsender Ausbreitung, und es kann kein Zweifel sein, wer der endliche Sieger sein wird — die wenigen Aneigner, oder die ungeheure arbeitende Majorität. Und die französischen Arbeiter bilden nur die Vorhut des ganzen modernen Proletariats.

Während die europäischen Regierungen so, vor Paris, den internationalen Charakter der Klassenherrschaft bethätigen, schreien sie Zeter über die Internationale Arbeiterassoziation — die internationale Gegen-Organisation der Arbeit gegen die weltbürgerliche Verschwörung des Kapitals — als Hauptquelle alles dieses Unheils. Thiers klagte sie an als den Despoten der Arbeit, der sich als ihren Befreier ausgebe. Picard befahl alle Verbindung der französischen Internationalen mit denen des Auslandes abzuschneiden; Graf Jaubert, der alte, zur Mumie gewordene Mitschuldige des Thiers von 1835, erklärte es für die Hauptaufgabe aller Regierungen, sie auszurotten. Die Krautjunker der National-Versammlung heulen gegen sie, und die gesammte europäische Presse stimmt ein in den Chor. Ein ehrenwerther französischer Schriftsteller, der unsrer Assoziation durchaus fremd ist, spricht sich aus wie folgt: „Die Mitglieder des Centralkomitees der Nationalgarde, wie auch der größere Theil der Mitglieder der Kommune, sind die thätigsten, einsichtigsten und energischsten Köpfe der Internationalen Arbeiter-Assoziation . . . . Leute, durchaus ehrlich, aufrichtig, einsichtig, voll Hingebung, rein und fanatisch im guten Sinn des Wortes." Der polizeigefärbte Bourgeoisverstand stellt sich natürlich die Internationale Arbeiter-Assoziation vor als eine Art geheimer Verschwörung, deren Centralbehörde von Zeit zu Zeit Ausbrüche in verschiedenen Ländern befiehlt. Unsere Assoziation ist aber in der That nur das internationale Band, das die fortgeschrittensten Arbeiter in den verschiedenen Ländern der civilisirten Welt vereinigt. Wo immer, und in welcher Gestalt immer, und unter welchen Bedingungen immer der Klassenkampf irgend welchen Bestand erhält, da ist es auch natürlich, daß Mitglieder unserer Assoziation im Vordergrund stehen. Der Boden, aus dem sie emporwächst, ist die moderne Gesellschaft selbst. Sie kann nicht niedergestampft werden durch noch so viel Blutvergießen. Um sie niederzustampfen, müßten die Regierungen vor Allem die Zwingherrschaft des Kapitals über die Arbeit niederstampfen — also die Bedingung ihres eigenen Schmarotzer-Daseins.

Das Paris der Arbeiter, mit seiner Kommune, wird ewig gefeiert werden als der ruhmvolle Vorbote einer neuen Gesellschaft. Seine Märtyrer sind eingeschreint in dem großen Herzen der Arbeiterklasse. Seine Vertilger hat die Geschichte schon jetzt an jenen Schandpfahl genagelt, von dem alle Gebete ihrer Pfaffen ohnmächtig sind, sie zu erlösen.

Der Generalrath:

M. T. Boon, Fred. Bradnick, G. H. Buttery, Caihill, William Hales, Kolb, Fred. Lessner, G. Milner, Thomas Mottershead, Charles Murray, Pfänder, Roach, Rühl, Sadler, Cowell Stepney, Alf. Taylor, W. Townshend.

Correspondirende Sekretäre:
Eugène Dupont, für Frankreich. — Karl Marx, für Deutschland und Holland. — Friedrich Engels, für Belgien und Spanien. — Hermann Jung, für die Schweiz. — P. Giovacchini, für Italien. — Zévy Moritz, für Ungarn. — Anton Zabicki, für Polen. — J. Cohen, für Dänemark. — J. G. Eccarius, für die Vereinigten Staaten.

Hermann Jung, Vorsitzender. — John Weston, Schatzmeister. Georg Harris, Finanz-Sekretär. — John Hales, General-Sekretär.

256, High Holborn, London, W. C., 30. Mai 1871.

Beilagen.

I. „Die Gefangenen-Kolonne machte Halt in der Avenue Uhrich, und wurde in vier oder fünf Gliedern auf dem Fußsteig aufgestellt, Front nach der Straße. Der General Marquis de Gallifet und sein Stab stiegen vom Pferd und inspicirten die Linie, vom linken Flügel anfangend. Der General ging langsam entlang, die Reihen besichtigend; hier und da hielt er, einen Mann an der Schulter berührend, oder ihn aus den hinteren Gliedern hervorwinkend. Die so Ausgesuchten wurden, meist ohne weitere Verhandlung, mitten in der Straße aufgestellt, wo sie bald eine kleine Sonder-Kolonne bildeten. . . . . . Es war augenscheinlich, daß hierbei für Mißgriffe beträchtlicher Raum gelassen war. Ein berittener Offizier machte den General auf einen Mann und eine Frau wegen irgend einer besonderen Missethat aufmerksam. Die Frau, aus den Reihen hervorstürzend, fiel auf die Kniee und betheuerte mit ausgestreckten Armen heftig ihre Unschuld. Der General wartete eine Pause ab, und sagte dann, mit vollständig ruhigem Gesicht und unbewegter Haltung: Madame, ich habe alle Theater in Paris besucht, es ist nicht der Mühe werth, Komödie zu spielen (il ne vaut pas la peine de jouer la Comédie). . . . Es war an jenem Tage nicht gut für Einen, wenn er merklich größer, schmutziger, reinlicher, älter, oder häßlicher als seine Nebenleute war. Von einem Manne fiel es mir besonders auf, daß er seine schleunige Erlösung aus diesem irdischen Jammerthal wohl nur seiner eingeschlagenen Nase verdankte. . . . Ueber Hundert wurden so ausgesucht, ein Zug Soldaten zum Erschießen kommandirt, und die übrige Kolonne marschirte weiter, während Jene zurück= blieben. Einige Minuten nachher fing hinter uns das Feuer an, das — mit kurzen Unterbrechungen — über eine Viertel= stunde anhielt. Es war die Hinrichtung dieser summarisch verurtheilten Unglücklichen." — Pariser Korrespondent, Daily News vom 8. Juni. — Dieser Gallifet, „der Louis seiner Frau, so notorisch durch die schamlose Bloßstellung ihres Leibes bei den Gelagen des zweiten Kaiserthums", war, während des Kriegs, bekannt unter dem Namen des französischen Fähndrich Pistol.

„Der Temps, ein bedächtiges und keineswegs der Sensation ergebnes Blatt, erzählt eine schauerliche Geschichte von halbtodt= geschossenen und vor ihrem Tod begrabnen Leuten. Eine große Anzahl wurde auf dem Platz bei St. Jacques=la=Bouchière begraben, manche von ihnen nur leicht mit Erde bedeckt. Während des Tags überhallte der Straßenlärm Alles, aber in der Stille der Nacht wurden die Bewohner der umliegenden Häuser geweckt durch fernes Stöhnen, und am Morgen sah man eine geballte Faust aus dem Boden ragen. In Folge dessen wurde die Wiederausgrabung der Leichen befohlen . . . Daß viele Verwundete lebendig begraben wurden, daran kann ich nicht im Mindesten zweifeln. Für einen Fall kann ich einstehn. Als Brunel mit seiner Geliebten am 24. Mai im Hofe eines Hauses des Vendômeplatzes erschossen worden, ließ man sie bis zum Nachmittag des 27. liegen. Als man dann endlich kam, die Leichen zu entfernen, fand man das Weib noch am Leben und nahm sie zu einem Verbandplatz. Obwohl von vier Kugeln getroffen, ist sie jetzt außer Gefahr." Pariser Korrespondent, Evening Standard vom 8. Juni.

II. Der folgende Brief erschien in der Londoner „Times" vom 13. Juni:

„An den Redakteur der Times. — Mein Herr! — Am 6. Juni 1871 hat Herr Jules Favre ein Rundschreiben an alle Europäischen Mächte erlassen, worin er sie auffordert, die Internationale Arbeiter=Assoziation zu Tode zu hetzen. Einige Bemerkungen werden hinreichen, dies Aktenstück zu kennzeichnen.

„Schon in der Einleitung zu unsern Statuten ist ange= geben, daß die Internationale gegründet wurde „am 28. Sptbr. 1864, auf einer öffentlichen Versammlung in St. Martin's Hall, Long Acre, London." Aus ihm selbst am besten bekannten Gründen verlegt Jules Favre das Datum ihres Ursprungs **hinter das Jahr 1862 zurück.**

„Um unsre Grundsätze zu erläutern, gibt er vor, „ihre (der Internationalen) Druckschrift vom 25. März 1869" anzuführen. Und was führt er an? Die Druckschrift einer Gesellschaft, die nicht die Internationale ist. Diese Sorte Manöver praktizirte er schon, als er, noch ein ziemlich junger Advokat, den „National," ein Pariser Blatt, gegen Cabet's Verleumdungsklage vertheidigte. Damals gab er vor, Auszüge aus Cabet's Flugschriften vorzulesen, während er von ihm selbst eingeschobene Zwischensätze vorlas. Dies Taschenspielerstückchen wurde indeß vor vollem Gerichtshof bloßgelegt und, wäre Cabet nicht so nachsichtig gewesen, er wäre mit seiner Ausstoßung aus dem Pariser Advokatenstand bestraft worden. Von allen Aktenstücken, die er als Aktenstücke der Internationalen anführte, gehört auch nicht Eins der Internationalen an. So sagt er: „Die Allianz erklärt sich für atheistisch, sagt der Generalrath, konstituirt in London, im Juli 1869." Der Generalrath hat nie solch ein Aktenstück erlassen. Im Gegentheil, er erließ ein Aktenstück, das die Originalstatuten der „Allianz" — L'Alliance de la Démocratie Socialiste in Genf —, die Jules Favre citirt, annullirte.

„In seinem ganzen Circular, das theilweise auch gegen das Kaiserthum gerichtet zu sein vorgibt, wiederholt Jules Favre gegen die Internationale nur die Polizeimährchen der Staatsanwälte des Kaiserthums, die selbst vor den Gerichtshöfen desselben Kaiserthums sich in ihr elendes Nichts auflösten.

„Es ist bekannt, daß der Generalrath der Internationalen in seinen beiden Adressen (vom Juli und September 1870), über den damaligen Krieg die preußischen Eroberungspläne gegen Frankreich anklagte. Später wandte sich Herr Reitlinger, Jules Favre's Privatsekretär, natürlich vergebens, an einige Mitglieder des Generalraths, damit der Generalrath eine antibismarck'sche Massenkundgebung zu Gunsten der Regierung der nationalen Vertheidigung veranstalte; es wurde besonders gebeten, dabei der Republik mit keinem Wort zu erwähnen. Die Vorbereitungen zu einer Massenkundgebung bei Gelegenheit der erwarteten Ankunft Jules Favre's in London wurden eingeleitet — gewiß in bester Absicht — gegen den Willen des Generalraths, der in seiner Adresse vom 9. September die Pariser Arbeiter ausdrücklich und im Voraus gegen Jules Favre und seine Kollegen gewarnt hatte.

„Was würde Jules Favre sagen, wenn seinerseits der Generalrath der Internationalen ein Rundschreiben über Jules Favre an alle europäischen Cabinette erließe, um ihre besondere Aufmerksamkeit auf die durch den verstorbenen Herrn Milliére in Paris veröffentlichten Aktenstücke zu lenken?

Ich bin, mein Herr, Ihr ergebener Diener,

John Hales,

Sekretär des Generalraths der Internationalen Arbeiter-Assoziation.

256, High Holborn, W. C., London, 12. Juni 1871."

In einem Artikel über „die Internationale Assoziation und ihre Ziele" citirt der Londoner Spectator als frommer Denunziant, unter andern ähnlichen Kunstgriffen, und noch vollständiger als Jules Favre gethan, das obige Aktenstück der „Alliance" als das Werk der Internationalen, und das elf Tage nach Veröffentlichung obiger Widerlegung in der Times. Dies kann uns nicht wundern. Schon Friedrich der Große pflegte zu sagen, daß von allen Jesuiten die protestantischen die schlimmsten sind.